Hans Jellouschek

Trennungsschmerz und Neubeginn

Hans Jellouschek

Trennungsschmerz und Neubeginn

Wie aus Abbrüchen Aufbrüche werden

HERDER

FREIBURG · BASEL · WIEN

© Verlag Herder GmbH, Freiburg im Breisgau 2017
Alle Rechte vorbehalten
www.herder.de

Umschlaggestaltung: Verlag Herder
Umschlagmotiv: © mauritius images/Alamy

Satz: de·te·pe, Aalen
Herstellung: CPI books GmbH, Leck

Printed in Germany

ISBN 978-3-451-61410-1

Inhaltsverzeichnis

Vorwort

Trennungen – vor allem von nahen Menschen – sind meist sehr schmerzlich. Ich habe das am eigenen Leibe mehrmals erfahren, und darum war es auch nicht immer einfach, dieses Buch zu schreiben. So kam es, dass ich das ganze Unternehmen immer wieder in Frage stellte und die Abgabe des Manuskripts an den Verlag einige Male verzögerte. Darum möchte ich hier in allererster Linie meinem bewährten Lektor Peter Raab ganz herzlich danken für seine Geduld und seine unerschütterliche Zuversicht, mit denen er mich und das Werden dieses Buches begleitete.

Außerdem gilt mein besonderer Dank auch meiner Frau Bettina Jellouschek-Otto. Sie war bereit, trotz hoher beruflicher Belastung das Manuskript durchzulesen und mir immer wieder sehr wertvolle Hinweise zur Erweiterung und Verbesserung zu geben. Ohne sie wäre ich möglicherweise »stecken geblieben«!

Schließlich gilt mein Dank auch noch den vielen Paaren, die in den Jahren meiner aktiven Tätigkeit als Paartherapeut durch ihr Vertrauen und ihre Offenheit meine Erfahrungen zu diesem Thema vermehrten, differenzierten und ergänzten!

Möge dieses Buch allen Betroffenen und allen an diesem Thema Interessierten Anregung und Hilfestellung sein.

Hans Jellouschek
Ammerbuch-Entringen im Februar 2017

Einleitung

Das Leben – eine Kette von Trennungen

Ich blicke auf 78 Jahre meines Lebens zurück. Dabei fällt mir in der letzten Zeit immer stärker auf, wie viele Trennungen und Abbrüche es in dieser Zeit in meinem Leben gegeben hat. Die meisten von ihnen waren sehr schmerzlich und haben mich in tiefe Krisen gestürzt. Auch wenn ich sie selber vollzogen hatte, überkam mich dabei immer wieder das Gefühl: Was vor mir liegt, werde ich nicht schaffen … Oder jedenfalls erfüllte mich das, was vor mir lag, mit großer Unsicherheit. In der Rückschau stelle ich nun fest: Erst um mein vierzigstes Lebensjahr änderte sich hier etwas. Obwohl mir immer noch einige schwierige Abschiede bevorstanden, die sehr schmerzlich waren: Ich ging mutiger in die Zukunft, mit immer mehr Selbstvertrauen und mehr Zuversicht. Heute, in meinem Alter, stelle ich fest: Die Kette von Trennungen und Abbrüchen in meinem Leben erwies sich auch als eine Kette von Befreiungen, die mich reifer werden ließen und mir ein erfüllteres, glücklicheres Leben möglich machten. Es war ein ganz wichtiger Lernprozess. Denn von selber wird aus Abbruch natürlich kein neuer Aufbruch. In der Rückschau wurde und wird mir immer klarer, was es braucht, damit sich dieser Lernprozess vollzieht.

Das und auch die Erfahrungen in meiner Arbeit als Therapeut haben immer deutlicher einen Gedanken in mir reifen lassen: Ich könnte doch dieses Thema – wie aus Abbrüchen neue Aufbrüche in ein befriedigenderes und glücklicheres Leben werden können – in einem Buch zusammenfassen, um noch mehr betroffenen Menschen Anregungen und Impulse zu geben. Dabei steht für mich im Vordergrund, worin ich durch meine berufliche Tätigkeit am meisten Erfahrung habe, und was viele Menschen heute sehr stark oder sogar am meisten bewegt: Die Trennung vom Partner, von der Partnerin. Dass sich das so verhält, ist ja erstaunlich: Wir leben in einem Zeitalter der Gleichberechtigung, Frauen sind im Vergleich zu früheren Jahrzehnten selbstständiger, selbstbewusster geworden, sie verdienen ihr eigenes Geld und sind imstande, mit Kindern auch allein gut zu überleben. Dass dies so ist, zeigt sich unter anderem an der gegenüber früher sehr viel größeren Zahl heutiger Trennungen. Dennoch ist es für beide Geschlechter sehr oft eine emotionale Katastrophe, wenn es zu einer Trennung kommt. Warum das so ist, darauf werde ich noch ausführlich eingehen (Kap. 2). Zunächst aber, im ersten Kapitel dieses Buches, ist es mir ein Anliegen, meine eigenen Trennungen und Abschiede nochmals zu reflektieren: Zum einen, um mir selbst noch einmal bewusst zu machen, was mir geholfen hat, dass aus Abbrüchen neue Aufbrüche wurden. Zum anderen, um dem Leser/der Leserin aus meinen persönlichen Erfahrungen und Erlebnissen mit Trennungen heraus Anregung zu geben, gut mit seinen/ihren eigenen Trennungserfahrungen umzugehen und aus Abbrüchen neue Aufbrüche zu gestalten.

1. Kapitel

Trennungen und Abschiede in meinem eigenen Leben

1.1 Welche Trennungen ich erlebt und vollzogen habe

Erste Trennung: Von meiner Familie (mit 18 Jahren)

Hier könnte man sogleich sagen: Ab 18 ist es doch normal, dass sich ein junger Mann auf der Suche nach seinem eigenen Leben mehr und mehr von zu Hause löst oder sogar das Elternhaus verlässt. Die Art und Weise, wie ich mein Zuhause verlassen habe und welche Konsequenzen dies für mich und meine Eltern hatte, war aber sehr anders als in den meisten Fällen dieses Alters. Es handelte sich nämlich bei mir um meinen Eintritt in den Orden der Jesuiten, bei denen die Ausbildung mit dem zweijährigen »Noviziat« beginnt, einer Einführung in das geistig-geistliche Selbstverständnis des Ordens und seiner religiösen Praxis. Das bedeutete: Ein Jahr lang überhaupt kein direkter Kontakt mehr zu meinen Eltern, ganz wenig brieflichen Austausch, im ersten Herbst während der »großen«, d.h. dreißigtägigen »Exerzitien«, der grundlegenden spirituellen Schulung des Ordens, gar keinen Kontakt zu Angehörigen und sonstigen Bezugspersonen. Im zweiten Jahr durften mich die Eltern – ganz selten – besuchen, und vor Beginn meines zweiten Ausbildungsabschnittes, der in Deutschland stattfand (ich bin ja gebürtiger Österreicher), durfte ich die Eltern auf der Durchreise – in meinem alten Zuhause – kurz besuchen.

Warum ich einen so radikalen Trennungsschritt vollzogen habe, wurde mir erst viel später bewusst. Ich hatte als mit großem Abstand Jüngster in meiner Familie eine sehr starke, ja überstarke Bindung an meine Mutter, die Distanz zu meinem Vater hingegen war ziemlich groß. Als ich auf die Welt kam, war er, weil er relativ spät geheiratet hatte und vor mir bereits zwei Geschwister auf die Welt gekommen waren, bereits 47 Jahre alt. Ich habe ihn darum, als ich ihn bewusst wahrzunehmen begann, immer als »alten Mann« und sehr weit von mir weg erlebt. Dazu kam, dass er mich meiner Mutter ganz und gar »überließ«, sodass sie mit mir vollauf beschäftigt war. Weitere Kinder sollten ja keine mehr kommen, und eine andere Geburtenregelung als Abstinenz gab es damals nicht. Meine Mutter als nicht berufstätige und ganz auf Kinder und Haushalt konzentrierte Frau suchte darin ihre Lebenserfüllung. Sie liebte mich ja wirklich sehr, allerdings mit einer Liebe, mit der sie mich auch übermäßig an sich band. Als ich etwas älter wurde, spürte ich das mehr und mehr: Vom Vater als männliche Bezugsperson allein gelassen, an die Mutter zu sehr gebunden…

Zu dieser Zeit ergab es sich, dass ich Mitglied einer Jugendlichen-Gruppe wurde, einer Gruppe von Heranwachsenden, die höhere Schulen besuchten, die in Österreich »Mittelschulen« und deren Schüler »Studenten« genannt werden. Die Gruppe, zu der ich stieß, hieß dem entsprechend das »Katholische Studenten-Werk«. Geleitet wurde es von Mitgliedern des Jesuitenordens. Diese Patres hatten auf dem Hintergrund meiner Familienerfahrung für mich eine große Bedeutung: Sie waren die ersten Männer in meinem Leben, die mir nahe kamen, die mir wichtige, verantwortungsvolle Aufgaben übertrugen, die meine Arbeit schätzten und mir das auch sehr deutlich kundtaten. So ermöglichten sie mir mehr Abstand von daheim, vor allem von meiner Mutter. Ich erlebte mich hier mit eigenen, »wichtigen« Aufgaben betraut, ohne dadurch mit meinen Eltern in größere Konflikte zu geraten. Sie waren ja selber gute Katholiken, und so konnten sie ja nichts gegen dieses Engagement in einer katholischen Jugendgruppe haben. Die Erfahrung mit diesen zugewandten Männern des Jesuitenordens war für mich sicherlich eine wichtige »Resilienz-Erfahrung«, wie man das heute nennt, also eine Erfahrung die manches Fehlende der eigenen Kindheitsgeschichte ergänzen und kompensieren konnte. Allerdings vermied ich dadurch auch, anstehende Konflikte, die für mein weiteres Selbstständig-Werden nötig gewesen wären, mit meinen Eltern auszutragen. So kam es, dass ich – entsprechenden Hinweisen eines Paters über meine eventuelle »Berufung« folgend – in den Orden eintrat. Das war ein radikaler Schritt. Er bedeutete äußerlich eine harte Abgrenzung von den Eltern, vor allem von meiner Mutter, die auch sehr darunter litt, andererseits aber – das wurde mir allerdings erst viel später bewusst – vermied ich damit eine *wirkliche* Ablösung von ihr. Ich vermied nämlich auf diese Weise, mich wirklich *innerlich* abzugrenzen. Ich wählte ja, vor allem mit meiner Berufsentscheidung für ein eheloses Leben, einen Weg, der mich meiner Mutter sozusagen erhielt und noch dazu in meinem Milieu sehr angesehen war. Ich hatte dafür auch ein Vorbild in der Familie: Ein Onkel von mir war Benediktiner-Pater und Theologie-Professor. Als solcher wurde er von meinen Eltern hoch verehrt, sodass keiner etwas gegen meinen Weg haben konnte. So trat ich mit 18 ins Noviziat der Jesuiten ein.

Der Ausbildung im Orden verdanke ich viel. Drei Jahre Philosophie-Studium und vier Jahre Theologie – das waren für mich faszinierende Auseinandersetzungen, abgesehen davon, dass mir die Schulung im klaren und logischen Denken auch heute noch immer hilft – nicht zuletzt beim Bücher-Schreiben. Allerdings war sie verbunden mit einer asketischen Lebensweise, für die ich zum damaligen Zeitpunkt und auf dem Hintergrund meiner familiären Erfahrungen einfach nicht reif genug war. Ich hatte zwar mit dem Ordenseintritt einen radikalen Schnitt vollzogen. Aber ich hatte bereits nach den zwei Jahren Noviziat »ewige Gelübde« abzulegen, das heißt, ich hatte mich lebenslang auf »Armut«, »Keuschheit« und lebenslangen »Gehorsam« den Ordensoberen gegenüber zu verpflichten. Armut hieß: Kein eigener Besitz; Gehorsam, die Verantwortung für die eigene Lebensplanung meinen Vorgesetzten zu überlassen, und »Keuschheit«, auf erotische und sexuelle Beziehungen zu verzichten. Das waren aber genau die Bereiche, in denen ich als Jüngster in der Familie, als »Mamas Liebling« und ohne männlich-eigenständiges inneres Modell, wenig Erfahrung hatte und die einzuüben mir jetzt durch meine Ordensexistenz weitgehend verwehrt war.

Diese Problematik wurde mir mehr und mehr bewusst durch meine ebenfalls in der Ausbildungszeit des Ordens vorgesehenen drei Praxisjahre zwischen Philosophie- und Theologiestudium – in einem Internat der Jesuiten in

Wien als Erzieher. Und so kam es zum nächsten, zum zweiten radikalen Abbruch in meinem Leben.

Zweite Trennung: Vom Jesuitenorden – erste Heirat

In diesem Internat wurde es meine Aufgabe, an drei Jahren hintereinander die 15/16-jährigen Jungen außerschulisch im Internat zu betreuen. Meine Haupterfahrung dabei war: Diesen Jungs bin ich nicht gewachsen. Was die alles hinter meinem Rücken Unerlaubtes trieben – ich war weder imstande, dahinterzukommen, noch wirksame Maßnahmen dagegen zu ergreifen … So war es zunächst eine große Befreiung für mich, nach diesen drei Jahren mit dem Theologiestudium (in Innsbruck) beginnen zu »dürfen«. Allerdings: Die Vergangenheit holte mich ein. Die Freundschaft zu einem Mitbruder, der auch Psychologe war, erweckte mein großes Interesse an seinem Fach. Die Gespräche mit ihm und die Tatsache, dass ich ständig eine innere Niedergeschlagenheit erlebte – trotz großen Interesses am Studium – ließen in mir zum ersten Mal Zweifel an meiner »Ordensexistenz« wach werden. Hatte ich mit meinem Eintritt den richtigen Lebensweg gewählt? War ich nicht dabei, genau die Erfahrungen zu vermeiden, die für meine Reifung nötig gewesen wären – Eigen-Besitz, Eigen-Verantwortung für mein Leben und Beziehungen zu Frauen? Diese Fragen trieben mich um.

Diese Zeit fiel ja gerade in die streitbaren »68er-Jahre« mit ihren Studentenrevolten und Umbruchversuchen. Auch innerhalb des Ordens rumorte es gewaltig unter den jüngeren Mitbrüdern. Es wurde viel experimentiert, was die Oberen sogar weitgehend großzügig erlaubten. So ergab es sich, dass ich an einem sogenannten »Sensitivity-Training« teilnehmen konnte, einem mehrtägigen gruppendynamischen Kurs, wie es damals gerade »der letzte Schrei« war, der von dem erwähnten Psychologen-Pater veranstaltet wurde. Ich wollte daran teilnehmen, weil ich mich in einem intensiven Austausch mit Laien, Männern und vor allem Frauen erleben wollte, um meine Zweifel zu überprüfen. Ich machte vor allem zwei Erfahrungen, die für mich zentral wichtig wurden: Ich erlebte Menschen, die während dieser Tage über sehr offene Auseinandersetzungen zu einem sehr herzlichen Kontakt zueinander fanden. So etwas hatte ich im Orden kaum kennengelernt. Und vor allem: Ich lernte in der Gruppe eine Frau kennen, Viktoria, die später »meine« Frau werden sollte, und meine Sympathie für sie stieß bei ihr auf Gegenliebe. Das faszinierte mich total. Die Frage, ob der Weg im Orden für mich der richtige Weg war, wurde dadurch nochmals drängender.

Die Hürde zum Austritt war allerdings hoch. So etwas wäre in der Generation meiner Eltern unmöglich gewesen. Ich fürchtete ihre Reaktion. Und auch für mich selber hatte ich große Angst vor einem solchen Schritt. Durch meine »Gelübde« fühlte ich mich vor Gott an die Lebensweise, für die ich mich dadurch entschieden hatte, gebunden. Ich erbat mir eine »Auszeit« vom Orden durch ein Studienfreisemester in Tübingen, was vom Orden großzügig genehmigt wurde. Hier wurde mir immer klarer: Wenn ich nicht die Auseinandersetzung gerade mit meinen zentralen Entwicklungsthemen weiter vermeiden will, muss ich aus dem Orden austreten.

Ich teilte diesen Entschluss meinem dafür zuständigen Vorgesetzten samt meiner Begründung mit. Der akzeptierte das, was auch bedeutete, dass er bereit war, mich von meinen Ordensgelübden zu entbinden, wozu er laut Kirchenrecht die Befugnis hatte. Mir war mit einem Schlag klar: Das ist der richtige Schritt. Allerdings überfiel mich fast zur gleichen Zeit eine ungeheure Angst vor der Zukunft: Werde ich es schaffen? Werde ich in dem, was jetzt auf mich zukommt, nicht hilflos untergehen? Beides, das Gefühl »Es ist der richtige Schritt« und »Aber ich werde es nicht schaffen« führte in eine emotionale Ausweglosigkeit hinein, die mich zeitweise sogar in akute Selbstmord-Gefahr brachte. Ich kann mich noch erinnern, dass ich in Tübingen manchmal herumirrte, bewusst nicht auf den Verkehr achtend und in der »Hoffnung«, von einem Auto überfahren zu werden ... Weil ich das dann doch nicht wollte, resignierte ich innerlich und rief wieder beim Ordensoberen an, um ihn zu bitten, meinen Austritt rückgängig zu machen. Aber der war nicht bereit dazu. Er hatte durch unser Gespräch vorher die Stimmigkeit meines Entschlusses offenbar deutlich gespürt. So war ich wieder auf meine Ängste zurückgeworfen, und in diesem Zustand rief ich einen weiteren befreundeten Ordens-Mitbruder an und bat ihn, zu mir zu kommen. Das Gespräch mit ihm machte mir wieder sehr deutlich, wie stimmig der Entschluss zum Austritt angesichts meiner Entwicklungsbedürfnisse zu einem reifen Erwachsenen-Alter war, und es half mir, meine Ängste wieder mehr in den Hintergrund treten zu lassen. So kehrte ich schließlich aus dem Freisemester nach Innsbruck zurück – jetzt nicht mehr als Jesuit, aber doch noch als Student der Theologie an der Universität Innsbruck.

Elf Jahre hatte ich seit Beginn des Noviziats im Orden verbracht. Jetzt stand ich da – immer mit dem Gefühl »Der Austritt war richtig und der einzige Weg«, aber hilflos, weil ohne den haltenden Rahmen, den der Orden mir gegeben hatte. So wurde die Beziehung zu Viktoria, die ich nicht ganz aufgegeben hatte, von Neuem aktuell. Abgesehen von einer »kleinen Verliebtheit« in den letzten Gymnasialjahren hatte ich mit Beziehungen zum weiblichen Geschlecht kurz vor meinem dreißigsten Lebensjahr keinerlei Erfahrung! Ohne dass ich mir dessen bewusst war, belastete ich sie darum sehr mit meiner Unsicherheit, mit meinem Bedürfnis nach Halt und mit meiner völligen Unerfahrenheit in sexuellen Angelegenheiten. Ich klammerte mich an sie – und das war wohl keine sehr gute Grundlage für unsere weitere gemeinsame Geschichte. Dennoch heirateten wir schon im Jahr 1969. Im gleichen Jahr schloss ich mein Studium mit dem Doktor der Theologie ab, und schon ein Jahr später kam unsere erste Tochter auf die Welt. Unsere finanzielle Lebensgrundlage dafür war, dass wir beide damals an der Universität angestellt waren.

Dritte Trennung: Abschied von meiner Heimat Österreich

Vor allem durch die Geburt unserer Tochter bekamen wir sehr schnell Kontakte zu anderen Paaren in ähnlicher Situation, wir hatten eine eigene Wohnung und ich einen angesehenen Beruf als Universitätsassistent. Dennoch war ich nicht zufrieden. Aus verschiedenen Gründen wollte ich keine Hochschullaufbahn einschlagen, und andere Berufe für einen »Laien-Theologen«, der ich jetzt war, gab es damals in Österreich noch kaum. So war ich innerlich auf der Suche nach Alternativen und fand eine für mich, als ich in einem Fortbildungskurs in Erwachsenenbildung einen Bildungsmanager aus einer deutschen Diözese kennenlernte. Die kirchliche Erwachsenenbildung war damals in Deutschland weiter entwickelt als in Österreich, und so entschloss ich mich auf ein entsprechendes Angebot dieses Mannes hin, Abschied von meiner Heimat zu nehmen, mich mit Familie in der Nähe von Stuttgart niederzulassen, und von heute auf morgen alles hinter mir zu lassen, was inzwischen hier entstanden war: vor allem herzliche Kontakte zu anderen Menschen und mein berufliches Ansehen.

Dieser Abschied fiel mir zunächst dennoch nicht schwer: Ich idealisierte die kirchliche Erwachsenenbildung in Deutschland auf unrealistische Weise und meinte, dass ich mit meinem theologischen Doktorat dort – von den »fortschrittlichen« deutschen Katholiken – mit Begeisterung aufgenommen würde. Das war allerdings eine völlige Fehleinschätzung. Gerade in Württemberg, dem Landesteil, für den meine Stelle zuständig war, traf ich in den oftmals vorwiegend evangelisch geprägten Ortschaften immer wieder auf sehr konservative katholische »Diaspora«-Gemeinden, die meine »theologisch-progressiven« Ausführungen nur mit Unverständnis zur Kenntnis nahmen. Dazu kam, dass meine Frau, die wegen des Kindes keinen Beruf mehr ausübte, in dem winzigen Kuhdorf, in dem wir damals eine Wohnung gefunden hatten, ganz allein war. Auch weil ich berufsbedingt viel im Land unterwegs sein musste oder jedenfalls – aus dem Bedürfnis heraus, mich zu bewähren – glaubte, das zu müssen. Dies entfernte uns als Paar immer mehr voneinander. Später konnten wir nach Stuttgart und in die Nähe meiner Arbeitsstelle umziehen, und wir entschieden uns hier auch, ein zweites Kind zu haben, das 1973 als unsere zweite Tochter zur Welt kam, mit der wir sehr viel Freude hatten. Ich begann außerdem eine zweijährige kirchliche Eheberater-Ausbildung, weil ich hoffte, damit näher an die Menschen und ihre Probleme heranzukommen als mit meiner Theologie. Diese Ausbildung enthielt auch viele Anregungen für unsere Beziehung, machte mir aber auch sehr deutlich, wo es bei uns fundamental fehlte. So kam es trotz mancher Erleichterungen und Verbesserungen nicht zu einer nachhaltigen Annäherung zwischen meiner Frau und mir.

Vierte Trennung: Von Frau und Familie

In dieser Zeit – Ende der 60er, Anfang der 70er-Jahre –
kamen viele neue Psychotherapie-Ansätze zu uns nach
Deutschland und schlugen sich unter anderem in immer
beliebter werdenden »Selbsterfahrungsgruppen« nieder.
In einer solchen Gruppe lernte meine Frau einen Mann
kennen, in den sie sich unsterblich verliebte und mit dem
sie Erotik und Sexualität in vollständig anderer Weise erlebte als mit mir. Als sie mir das eröffnete, war ich tief
betroffen, niedergeschlagen und wütend zugleich. Ich
konnte überhaupt nicht damit umgehen und zog darum
Hals über Kopf aus unserer Wohnung aus in ein kleines
Appartement in der Nähe. Das war nun die nächste
schwerwiegende Trennung: von meiner Frau und von den
Kindern. Trennung von der Familie und womöglich
Scheidung einer kirchlich geschlossenen Ehe, was ja nun
als Möglichkeit auftauchte, das war von meiner Familien-
tradition her eine Unmöglichkeit, noch weit schlimmer
als der Austritt aus dem Orden. Und obwohl durch mein
Studium »in meinem Kopf« eine liberalere Einstellung
dazu entstanden war, spürte ich dieses »Unmöglich!« im
Herzen mit unveränderter Wucht. In der Rückschau
wurde mir allerdings klar, dass genau solche Erfahrungen
wesentlich zur Entwicklung meiner Eigenständigkeit
gegenüber meiner Herkunftsfamilie beigetragen haben.
Damals allerdings zeigte sich in solchen Erfahrungen nur,
wie abhängig ich noch war.

Zum Glück war meine »Noch-Frau« Viktoria von Anfang an bereit, mir Kontakt zu meinen Kindern zu er-

möglichen und diesen zu fördern. Ihnen gegenüber hatte ich ja ein besonders schlechtes Gewissen, aber eine andere Lösung als die Trennung sah ich nicht, denn für mich wäre eine Rückkehr nur möglich gewesen, wenn meine Frau die Beziehung zu dem anderen Mann radikal abgebrochen hätte, wozu sie nicht bereit war. Vielmehr entschlossen sich die beiden, zusammenzuziehen, und zwar etwa 200 km weit weg von unserem bisherigen Wohnort. Ich erhielt den regelmäßigen Kontakt zu meinen Kindern zwar aufrecht, hatte aber ihnen gegenüber noch jahrelang ein schlechtes Gewissen.

Eine weitere Folge unserer Trennung war: Ich war nun für meinen kirchlich-katholischen Arbeitgeberin als »getrennt Lebender« zwar noch nicht zu kündigen, aber doch eine »persona non grata« geworden, das hieß vor allem: Mit einer Karriere innerhalb der Kirche und in einer Spezialfunktion als Erwachsenenbildner war es vorbei, und Alternativen außerhalb hatte ich als »Voll-Theologe« ohne Zweitstudium keine. So resignierte ich, blieb bei der Kirche als Arbeitgeber und war einverstanden mit einer Stelle im »Hintergrund«, nämlich als »Pastoralreferent« im Gemeinde-Dienst einer katholischen Pfarrei in einem kleinen schwäbischen Städtchen.

Die Arbeit hier – Predigten und Vorträge, Seelsorge-Gespräche, Paargespräche (ich hatte ja inzwischen die Eheberater-Ausbildung abgeschlossen) und (auf eigene Initiative hin entstandene) Selbsterfahrungsgruppen – machte mir zwar Spaß, aber es zeigte sich immer deutlicher, dass ein kirchlicher Arbeitgeber für mich problematisch wurde. Inzwischen hatte sich nämlich auch meinerseits eine Liebesbeziehung entwickelt – zu einer Frau, die ich in dem schon erwähnten Erwachsenenbildungs-Kurs kennengelernt hatte und die in Stuttgart, also in der Nähe, ein Praktikum machte. Wir wollten zusammenziehen, und das musste meinem Arbeitgeber gegenüber auf jeden Fall geheim bleiben, denn das wäre eine »wilde Ehe« gewesen – auch heute noch eine Unmöglichkeit für einen kirchlichen Angestellten. So nahmen wir eine gemeinsame Wohnung in einer benachbarten Stadt, was bedeutete, dass ich wieder sehr viel fahren musste, um an meine Arbeitsstelle zu kommen. Der Pfarrer, bei dem ich arbeitete, wurde von mir zwar eingeweiht und akzeptierte meine Lebensweise großzügig, aber auch er musste in der Gemeinde und den Vorgesetzten »weiter oben« gegenüber strenge Geheimhaltung üben. Dies wurde allmählich eine unerträgliche Situation für mich und meine Freundin, meine spätere zweite Frau Margarete.

Fünfte Trennung: Von der Kirche als Arbeitgeber

Inzwischen sind wir im Jahr 1977 angekommen. Ich hatte in der Zwischenzeit, auf Anregung von Margarete hin, eine therapeutische Ausbildung in einem nicht-kirchlichen Rahmen begonnen und war mit ihr zusammen Mitglied in einem ebenfalls nicht-kirchlichen Ausbilder-Team für Familientherapie geworden. Im Rahmen dieser Ausbildung war durch den bekannten Gruppendynamiker und Fortbilder Klaus Antons eine für ganze Familien (und nicht nur für erwachsene Einzelpersonen) konzipierte Beratungsstelle gegründet worden. Deren Leitungs-Stelle wurde damals gerade frei – Klaus Antons bot sie mir an, und ich sagte Ja, obwohl ich von der hier nötigen Qualifikation zu diesem Zeitpunkt noch meilenweit entfernt war. Es war für mich ja eine einzigartige Chance, mich aus dem kirchlichen Rahmen zu befreien.

Mit tausend Ängsten entschloss ich mich also, die Stelle anzunehmen und mein kirchliches Beschäftigungsverhältnis zu lösen. Ich war nun frei und ohne den kirchlichen Druck im Nacken. Das spürte ich deutlich und mit großer Erleichterung. Allerdings: Meine neue Stelle war eine sehr unsichere und gewagte Angelegenheit, es war »nur« eine Teilzeitstelle, und meine Kompetenz dafür eigentlich nicht vorhanden. Und das machte mir wiederum große Angst und verunsicherte mich. Andererseits waren jetzt einige Schritte zur »Normalisierung« meines Lebens möglich, die sehr guttaten: Ich brauchte meine Beziehung zu Margarete und unsere gemeinsame Wohnung nicht mehr zu verbergen und ich hatte einen von der Kirche vollständig unabhängigen Beruf.

Margarete, die bereits eine abgeschlossene Ausbildung in Familientherapie hinter sich hatte, half mir sehr, in meiner neuen beruflichen Tätigkeit Fuß zu fassen und dadurch sicherer zu werden. Sie bezog mich in ihre freiberufliche Tätigkeit als Kooperationspartner mit ein und machte mir immer wieder viel Mut. Weil mir jegliche »offizielle« berufliche Anerkennung fehlte, brauchte ich das dringend und es stabilisierte mich ein wenig, sodass ich – auch durch eigene positive Erfahrungen mit der neuen Tätigkeit als Paar- und Familientherapeut und Fortbilder – doch immer mehr Boden unter den Füßen zu spüren begann. Außerdem ermöglichte der Schritt weg von der kirchlichen Anstellung auch den nächsten Schritt in meinem Privatleben: Margarete und ich heirateten, und auch das war ein wichtiger Schritt zu mehr innerer Sicherheit.

So erwies sich der Abschied von der Kirche als Arbeitgeber als genau das Richtige für meinen weiteren Weg, wobei der Zufall und vor allem liebevolle Menschen, die mir etwas zutrauten und Vertrauen in mich hatten, eine entscheidende Rolle spielten.

Auch dass die neue Stelle »nur« eine Teilzeitstelle war, erwies sich im weiteren Verlauf als gute Voraussetzung für einen weiteren Schritt, den Schritt vom Angestellten-Verhältnis in die Freiberuflichkeit, die ich neben meiner Teilanstellung aufbauen musste, um genug zum Leben zu haben. Diesen Schritt tat ich nach weiteren 11 Jahren. Er wurde nicht durch einen Konflikt nötig, sondern wurde mir möglich, weil sich meine eigene freiberufliche Tätigkeit als Therapeut und Fortbilder im Lauf der Jahre immer mehr ausgeweitet hatte, sodass ich die innere Sicherheit bekam, dass ich ein Angestellten-Verhältnis nicht mehr »brauchte«.

Sechste Trennung: Von Margarete – durch ihren Tod

Margarete wurde von den Menschen immer als eine kraftvolle, vitale Frau eingeschätzt, und das war sie auch. Ich hatte an ihrer Seite manchmal ganz schön zu »strampeln«, um mit ihr auf Augenhöhe zu bleiben. So war es für alle und vor allem für uns beide ein unglaublicher Schlag, als eines Tages eine Krebserkrankung bei ihr festgestellt wurde, ein Lymphdrüsenkrebs mittleren Schweregrades. Das änderte unser Leben grundlegend. Zwar konnten wir noch fast 14 Jahre lang miteinander leben und auch arbeiten, aber von nun an war unser Leben davon überschattet. Die verordneten Chemotherapien erwiesen sich zwar als wirksam, aber Margarete litt stark unter deren Nebenwirkungen, und der Krebs kam außerdem in gewissen Abständen immer wieder. Allerdings nährten die Behandlungserfolge auch unsere Hoffnung auf endgültige Überwindung der Krankheit, und so bauten wir in dieser Zeit sogar ein eigenes Haus, in dem Margarete noch neun Jahre lang mit mir zusammen leben und arbeiten konnte. Anfang 1998 kam es allerdings zu einer sehr überraschenden Verschlechterung ihres Zustandes, den sie bald darauf auch unmittelbar in ihrem Körper zu spüren begann, sodass sie stationär in die Klinik musste. Der mögliche, ja immer wahrscheinlicher werdende und bald sichere Tod stand bevor.

Seit Beginn der Verschlechterung war es – im Nachhinein gesehen – ein großes Glück, dass Margarete imstande war, der Situation ganz offen ins Auge zu sehen und sich auch mit mir darüber auszutauschen. So war es möglich, dass wir vermeintlich oder tatsächlich »unerledigte Angelegenheiten« unseres bisherigen Zusammenlebens aufgreifen und uns darüber liebevoll und gut verständigen konnten. Außerdem war es dadurch möglich, dass meine Töchter und einige andere sehr nahestehende Menschen sich ausdrücklich von ihr verabschieden konnten. Dabei spielte die Oberärztin der Station auch noch eine wichtige Rolle, indem sie diesen Abschied ermöglichte. Besonders schön war, dass mir ein eigenes Bett zur Verfügung gestellt wurde, sodass ich die letzten Nächte in Margaretes Krankenzimmer verbringen konnte. So war ich auch noch im Moment ihres Todes bei ihr und konnte mich ausdrücklich von ihr verabschieden. Ich bin auch heute noch so dankbar, dass damit zwischen uns nichts »Unerledigtes« stehen blieb, sondern wir tatsächlich »in Frieden« voneinander scheiden konnten.

Ich musste nun den Alltag allein bewältigen. Während wir früher alles miteinander geteilt hatten, war ich jetzt mit Haus und Praxis auf mich allein gestellt. Allerdings begegnete ich dem inzwischen mit großer innerer Gelassenheit. Das Erlebnis von Margaretes Tod und die Art und Weise, wie sie damit umgegangen war, ließen mir alles andere nicht mehr so wichtig erscheinen und nahmen deshalb jeden Druck von mir, und die neue Situation spielte sich bald wieder recht gut ein.

Hier handelte es sich also um eine Trennung und einen Abschied, den ich – anders als bei den bisherigen Trennungen – nicht selbst herbeigeführt hatte, sondern der mir schicksalhaft auferlegt worden war. Aber auch hier erwiesen sich zwei Erfahrungen als äußerst hilfreich und unterstützend: das offene, tabulose Umgehen damit und die Unterstützung durch Menschen, die unseren Prozess und unseren Umgang damit liebevoll begleiteten und denen wir das auch dadurch ermöglichten, dass wir selber aus Margaretes Erkrankung ihnen gegenüber keinerlei Tabu machten.

Wenn ich zurückschaue, muss ich sagen, dass einige schwerwiegende Trennungen in meinem Leben – vor allem in jüngeren Jahren – vor allem dadurch zustande gekommen sind oder notwendig geworden waren, dass ich durch persönliche Unreife vorher problematische Wege eingeschlagen hatte und dann nicht imstande war, diese Wege zu korrigieren, und sie deshalb abbrechen »musste«. So waren die meisten dieser »Abbrüche« radikal und brachten mich nicht selten an den Rand der Verzweiflung. Aus der Distanz betrachtet muss ich aber sagen: Es war auch ein Segen, dass ich sie vollzogen habe. Sie machten immer wieder neue Aufbrüche in ein reiferes und glücklicheres persönliches Leben möglich – sowohl individuell als auch in meinen Beziehungen. Und sie ermöglichten mir, auch für meine Arbeit als Paartherapeut zu lernen, viele Menschen besser zu verstehen, mich mehr in sie einzufühlen und für sie hilfreich zu sein. Darum möchte ich zum Abschluss dieses ersten Kapitels nochmals zusammenfassen und in einigen Punkten ergänzen, worin ich immer wieder Hilfen fand, damit aus meinen Abbrüchen auch wieder neue Aufbrüche werden konnten.

1.2 Was mir geholfen hat und was ich aus diesen Abschieden gelernt habe

Ehrlichkeit mir selber gegenüber

Gegen Ende des Gymnasiums beschäftigten mich immer mehr Fragen wie: Was ist *mein* Weg, in welche Richtung soll ich weitergehen, was »stimmt« für *mich?* Weil ich damals ziemlich fromm war, bat ich Gott in intensiven Gebeten darum, mir den Weg zu zeigen – und als einen solchen Hinweis Gottes fasste ich damals die Aussage des Jesuiten-Paters auf, ich wäre für diesen Weg geeignet und könnte wohl auch dazu von Gott »berufen« sein. Er kannte mich gut, und ich spürte, dass er mich mochte, und so waren diese Hinweise für meine Entscheidung sehr wichtig. Man kann ja mit Recht die Frage stellen, ob das für mich wirklich der »richtige« Weg war – ich habe diese Problematik ja oben sehr deutlich gemacht. Für die ersten Schritte zur Ablösung von meinem Elternhaus stimmte der Weg jedoch, und hilfreich blieb für mich vor allem immer meine Frage-*Richtung:* Was ist das Richtige für *mich?* Und ebenso wichtig und hilfreich war es, immer wieder ehrlich in mich hineinzuspüren, ob mein Weg noch stimmte. Das half mir immer mehr, mich mit mir und meinen Entscheidungen stimmig zu fühlen, auch ab dem Zeitpunkt, als sie in meinem Milieu sehr unpopulär wurden und mir deshalb auch große Angst bereiteten, wie bei meinem Ordensaustritt und der Trennung von meiner ersten Frau.

Von der Abhängigkeit über die Gegenabhängigkeit zur Unabhängigkeit

Mein Kontakt zu dem Jesuitenpater, der die erwähnte Jugendgruppe leitete, war ein emotional sehr positiver Kontakt. Er war eine Art alternative Vater-Gestalt, die mein Selbstbewusstsein stärkte und mir Mut machte, einen ersten Schritt auf einem eigenen Weg von den Eltern, vor allem von der Mutter weg zu gehen. Dabei war natürlich auch hilfreich, dass es ein Schritt war, gegen den, wie ich deutlich gemacht habe, meine Eltern wegen ihrer religiösen Einstellung nichts haben konnten. So steckte darin wohl noch ein gutes Stück Abhängigkeit und gleichzeitig – wegen der Radikalität dieses Schrittes – auch ein Stück eigener »Gegenabhängigkeit« vor allem von meiner Mutter. Von Gegenabhängigkeit spricht man in der Psychologie vor allem, wenn Pubertierende alles Mögliche und Unmögliche anstellen, nicht in erster Linie »für sich«, sondern um sich gegen die Eltern zu wehren. Ein solches Verhalten ist als wichtiger Zwischenschritt von kindlicher Abhängigkeit zu erwachsener Unabhängigkeit zu werten, und so war es auch bei mir, der ich dem Alter nach zwar damals nicht mehr in der Pubertät steckte, allerdings sehr wohl noch meiner seelischen Entwicklung nach.

Hier zeigt sich etwas, das für alle von existenziellen Trennungen Betroffene von Bedeutung ist: Solche Trennungen konfrontieren uns unausweichlich mit unserem persönlichen Entwicklungsstand: Mit unserer Abhängigkeit, wenn der Gedanke an Trennung in uns tausend Ängste auslöst, und mit unserer Gegenabhängigkeit, wenn in der vollzogenen Trennung nicht das »Für mich« dominiert, sondern das »Gegen den anderen«. Solche Trennungen lassen uns aber auch unsere erwachsene Reife erfahren, wenn uns der Verlust zwar schmerzt und wir darüber tief traurig sind, wenn wir aber darüber auch gut hinwegkommen und zum Neubeginn fähig werden. Den Unterschied zwischen dieser dritten und der ersten Phase habe ich bei mir selbst sehr deutlich gespürt in der Unterschiedlichkeit meines Abschieds vom Jesuitenorden im Vergleich zu meinem Abschied von meiner Frau Margarete durch ihren Tod: Der Entschluss, aus dem Orden wegzugehen, löste Panik bis hin zu Selbstmordgedanken in mir aus und nährte in mir noch lange Zeit Unsicherheiten und Selbstzweifel. Der durch den Tod erzwungene Abschied von Margarete hingegen war zwar sehr schmerzlich, aber ich erfuhr mich schon unmittelbar danach innerlich gereift und in meinem Vertrauen zu mir selbst gestärkt.

Menschen, die mich unterstützten, und mein Mut, sie für mich in Anspruch zu nehmen

Beides war für mich eine große Hilfe. Mir begegneten immer wieder *Menschen, die mir wohlgesonnen waren* und bereit, mich zu unterstützen. Dies habe ich immer wieder als eine große Hilfe bei meinen Trennungen erlebt: Ältere Menschen, die sich für mich interessierten, die mir – wie eben erwähnt – als eine Art »soziale Väter« Orientierung gaben und mir Mut zu den anstehenden Schritten machten, aber auch gleichaltrige Freunde und Kollegen, mit denen ich mich über meine Ängste und Unsicherheiten austauschte. Und es war eine ganz wichtige Erfahrung für mich, dass ich *mit dieser meiner Offenheit* ihnen gegenüber und mit *meinem Mut, sie für mich in Anspruch zu nehmen,* auch selber viel zu ihrer Hilfsbereitschaft und zu ihrem Einsatz für mich beigetragen habe. Ich richtete selber keine Tabus vor meinen Problemen auf, und es zeigte sich, dass ich damit immer wieder solche Menschen gewann, die mir durch Rat und Tat zur Seite standen. Dies erlebten Margarete, meine zweite Frau, und ich vor allem in der Zeit ihrer Krebserkrankung. Wir machten beide keinerlei Tabu daraus – was übrigens bei ähnlichen Erkrankungen eine große Gefahr ist, wie ich immer wieder feststellen konnte. Und es zeigte sich, dass viele Menschen – auch solche, die uns bis dahin gar nicht so nahe gestanden hatten, – bereit waren, uns in allen möglichen Alltagsdingen zu unterstützen, weil wir ihnen gegenüber keinen Hehl aus unserer Situation machten. Mit solchen und ähnlichen Sorgen das Gefühl zu haben, nicht allein zu stehen, sondern sie mit anderen teilen zu können und dann auch ganz konkrete Alltagshilfen zu bekommen, hat mich bei der Bewältigung meiner Trennungserfahrungen immer wieder sehr gestärkt. Darum möchte ich allen von Abschieden und Trennungen bedrohten oder betroffenen Menschen Mut machen zu dieser Offenheit und Inanspruchnahme anderer. Die Hilfsbereitschaft vieler ist häufig viel größer, als wir es im Vorhinein vermuten.

»Glückliche Zufälle«

Mir ist im Nachhinein sehr bewusst, dass für manche sehr schwierigen Entscheidungen auch glückliche Zufälle eine wichtige Rolle spielten, zum Beispiel als meine kirchliche Anstellung für mich unerträglich wurde. Dass mir gerade zu diesem Zeitpunkt, obwohl gänzlich unerfahren, die Leitung der neu gegründeten »Familien-Beratungsstelle«, die keinen kirchlichen Träger hatte, angeboten wurde, dass gerade damals solche »Experimente« mit neuen Therapiemethoden (»Familien-Therapie«) gängig wurden – das alles erlebe ich auch im Nachhinein als nicht erwartbares und unverdientes Geschenk, als zufälliges Zusammentreffen mehrerer glücklicher Umstände, die mir einen ganz schwierigen und riskanten Abschied möglich machten.

Solch »glückliche Zufälle« kann ich natürlich anderen nicht als Hilfe empfehlen. Sie sind ein Geschenk. Allerdings möchte ich Menschen, die vor schwierigen Trennungsentscheidungen stehen oder auch davon betroffen sind, mit deren Erwähnung einladen, mit solchen »glücklichen Zufällen« auch in ihrem eigenen Leben zu rechnen. Man sollte eine innere Einstellung nach dem Motto »Bei mir geht sowieso alles schief!« nicht zulassen und sich immer wieder zugunsten eines größeren »Vertrauens ins Leben« davon lösen. Dieses wird natürlich durch eine religiöse Einstellung, die »glückliche Zufälle« auch als »Fügung« erleben lässt, sehr unterstützt.

Vertrauen ins Leben

Damit bin ich bei meinem letzten Punkt, den ich hier erwähnen wollte, angelangt. Obwohl mir mit meinen 77 Jahren in meinem Leben noch mindestens ein großer Abschied bevorsteht, der Abschied von diesem Leben, und ich davor auch immer wieder ziemlich große Angst verspüre, hat sich doch aus den bisherigen Erfahrungen eine Haltung bei mir entwickelt, die ich »Vertrauen ins Leben« nennen möchte. Es ist das Vertrauen, dass das Leben es letztlich »gut mit mir meint«, dass ich letztlich gehalten bin und »nicht ins Bodenlose stürzen« werde, was immer auch in Zukunft noch passieren mag.

Wenn ich zurückschaue, war etwas von diesem Vertrauen eigentlich schon immer bei mir da, und zwar in meiner religiösen Einstellung, die ich von meinem Elternhaus übernommen hatte, die durch die Jesuiten im »Studentenwerk« verstärkt wurde und die sich im weiteren Verlauf meines Lebens immer mehr zu einer inneren Haltung vertieft hat, auch wenn ich heute keine personal-religiösen Vorstellungen mehr von einem »lieben Gott« im Jenseits habe, der mich sieht und der mich führt. Diese Haltung des Vertrauens ins Leben war und ist ohne Zweifel für alle Trennungen und Abschiede, die uns treffen oder die wir vollziehen, eine große, vielleicht die größte und wichtigste Unterstützung. Sie ist im Kern auch eine religiöse Haltung, ob sie sich in traditionellen Glaubensvorstellungen ausdrückt oder auch nicht, denn sie baut auf eine Wirklichkeit, die uns letztlich wohlgesonnen ist und nicht ins »Nichts« fallen lässt.

In den folgenden Kapiteln werde ich mich nun, wie schon anfangs erwähnt, auf das Thema »Trennung und Abschied« *in Paarbeziehungen* konzentrieren. Zum einen, weil diese Erfahrungen auch in meinem Leben – Trennung von meiner ersten Frau durch Scheidung und Trennung von meiner zweiten Frau durch ihren Tod – eine zentrale Rolle gespielt haben, zum anderen aber auch, weil meine hauptsächlichen Erfahrungen damit aus meiner therapeutischen Arbeit stammen und ich noch mehr Menschen, die von Trennungserfahrungen betroffen sind, damit Anregung und Unterstützung geben möchte.

Auf das Thema »Trennung durch Tod des Partners« werde ich dabei allerdings nur an manchen Stellen und nur »im Vorübergehen« eingehen. Diese Erfahrung hatte zwar auch eine sehr große Bedeutung für mich, aber die Dinge liegen hier doch in wichtigen Bereichen sehr anders, sodass es für den inneren Zusammenhalt meiner Ausführungen schwierig gewesen wäre, beides in gleicher Ausführlichkeit zu behandeln. Ich möchte Leserinnen und Leser, die daran interessiert sind, auf mein Buch »Paarbeziehung und Krebs. Wie Partner gut damit umgehen« verweisen, in dem ich auf diese schicksalhafte Trennung und meinen dadurch erzwungenen Abschied sehr ausführlich eingehe, und das erst vor Kurzem neu erschienen und darum wieder zugänglich ist.[1]

2. Kapitel

Was Trennungen so schwierig macht

Es ist ja eigenartig: Etwa jede dritte Ehe in Deutschland wird geschieden – mit noch immer leicht steigender Tendenz. Und selbst nach der Silberhochzeit, also nach 25 und mehr Jahren und in der beginnenden Altersphase, sind es immer noch etwa 10 % der Eheleute, die auseinandergehen.[2] Da könnte man doch meinen: Dieses Auseinandergehen fällt heutzutage den Menschen immer leichter. In gewisser Weise stimmt das auch: Scheidungen sind nicht mehr gesellschaftlich so tabuisiert wie früher, auch eine religiöse Einstellung hindert die meisten nicht mehr daran, sie zu vollziehen. Frauen sind auch ohne Mann »überlebensfähig« und brauchen zum Überleben nicht mehr unbedingt einen »Ernährer« für sich und die Familie. Das deshalb gewachsene Selbstvertrauen der Frauen zeigt sich auch darin, dass die Zahl derer, von denen die Initiative zur Trennung ausgeht, gegenüber früher sehr stark angestiegen ist. Geht man also heutzutage tatsächlich viel schneller und leichter auseinander als früher?

So mag es auf den ersten Blick erscheinen. Und es kommt noch dazu, dass in der heutigen Zeit für den Zusammenhalt einer Beziehung eines immer ausschließlicher wichtig wird: Die von beiden erlebte *lebendige erotische Liebe zwischen den Partnern.* Wenn die verloren geht, tauchen »Trennung« und »Abbruch« als Möglichkeit sehr schnell am Horizont beider Partner auf. Gehen sie nicht auch gerade dadurch erheblich leichter auseinander als das früher der Fall war? Die Liebe ist doch ein recht unsicheres Gefühl, das kommt und geht … Ist das nicht auch noch ein Grund, dass Trennung leichter geworden ist und schneller vollzogen wird als früher?

Nein, so ist es nicht, denn das »leichter« stimmt *nur äußerlich*, weil die äußeren Barrieren für Trennung – Weltanschauung, soziale Sanktionen, wirtschaftliche Notwendigkeiten – kaum noch eine Rolle spielen. *Emotional* gibt es dagegen gerade heutzutage nur Weniges im Leben, das die Partner so umtreibt und mindestens einen der beiden so schmerzhaft trifft, wie eine Trennung vom Lebenspartner. Warum das so ist, möchte ich im Folgenden deutlich machen.

Der Grund dafür, dass ich mich schon an dieser Stelle damit befasse, liegt darin, dass wegen der erlebten Schwierigkeit und Schmerzhaftigkeit des Trennungsprozesses von den betroffenen Partnern oft »Strategien« entwickelt werden, die sich sehr destruktiv auswirken, und die dazu führen, dass die Trennung nicht gut gelingt und eine »nicht erledigte Angelegenheit« der Partner wird, die deren Zukunft schwer belastet. Was macht also Trennung heutzutage – trotz vieler äußerer Erleichterungen – dennoch so schwierig?

2.1 Grundbedürfnisse werden verletzt

Jede auf Dauer angelegte Beziehung, jede Ehe erfüllt Grundbedürfnisse des Menschen. Ich benenne hier nur die beiden wohl grundlegendsten: Das Bedürfnis nach sicherer Bindung einerseits und das Bedürfnis nach Eigenständigkeit andererseits.

Das Grundbedürfnis nach sicherer Bindung

Wir wissen heute aus der Säuglingsforschung, dass kleine Kinder zu einem guten Aufwachsen, ja sogar zum Überleben, eine »sichere Bindung« brauchen. Als Erwachsene brauchen wir diese nicht mehr, um *über*leben zu können, aber wir brauchen und suchen sie weiter *für ein »gutes« und »glückliches« Leben.* Wir sind nicht mehr so hilflos ohne sie wie als kleine Kinder, wir suchen sie aber trotzdem – weil wir uns irgendwo aufgehoben und zu Hause fühlen wollen, nicht mehr bei den Eltern, aber bei einem zweiten Erwachsenen, bei einem Mann, einer Frau, die wir lieben und die uns liebt. Darum liegt – wie einschlägige Untersuchungen in letzter Zeit gezeigt haben – im Eingehen jeder Ehe die Sehnsucht danach und der Wille dazu, sie möge »von Dauer« sein.[3]

Dies fordert also keineswegs nur ein kirchlich-religiöses Gesetz oder eine gesellschaftliche Konvention. Es ist eine Forderung unserer »Natur«. Und selbst wenn eine Beziehung schon sehr unbefriedigend geworden ist, hängt an ihr, als Erinnerung, als Sehnsucht oder leise Hoffnung, immer noch dieses Bedürfnis nach sicherer Bindung, und zwar nicht nur bei dem Partner, der sich gegen die Trennung sträubt, sondern auch bei dem, der sie will. Plötzlich »allein dazustehen«, die Hoffnung auf Erfüllung dieses Bedürfnisses nach sicherer Bindung zum anderen und beim anderen aufgeben zu müssen, nicht mehr zu wissen, ob ich je wieder einen »Partner fürs Leben« finden werde, ist für beide eine herbe Erfahrung. Dabei hat diese Suche nach Bindung bei den Männern noch mehr zugenommen, während bei den Frauen, jedenfalls im vorgerückteren Alter, die Suche nach Autonomie als Motivation für Trennung stärker geworden ist.[4]

Jede Trennung vom Partner verletzt nämlich auch das zweite grundlegende Bedürfnis, das wir haben und das auf den ersten Blick zunächst als das Gegenteil des Grundbedürfnisses nach Bindung erscheinen mag:

Das Grundbedürfnis nach Eigenständigkeit

»Eigenständigkeit«, Autonomie, meint ja nicht, jedenfalls nicht in erster Linie, »allein sein wollen«, es bedeutet vielmehr, dass der Erwachsene sich außer in »sicherer Bindung« auch noch »autonom« erleben will. »Eigenständigkeit« bedeutet aber sehr zentral auch, »ein eigenes Lebenskonzept haben«, eines, das meiner autonomen Entscheidung entspricht, das ich ganz persönlich »will«. Und einem solchen entsprach ja in aller Regel meine Ehe: So wollte ich es für mich haben – ein Leben mit dieser Frau, mit diesem Mann. Und dieses Lebenskonzept ist jetzt mit einem Mal zerstört, ich stehe auf einmal als »Single«, als »Unverheiratete/r« im Leben, und selbst wenn ich die Trennung wollte und sogar vorangetrieben habe, meinem bisherigen Lebenskonzept entspricht sie überhaupt nicht. Somit verletzt die Trennung auch das zweite zentrale Grundbedürfnis, das nach Eigenständigkeit, und das bei den Frauen heutzutage mehr als bei den Männern, wie Umfragen ergeben haben (s.o.). Meine Autonomie wird plötzlich zum Allein-Sein, und auch wenn ich es dabei nicht belassen will, ich weiß ja nicht, ob eine neue Beziehung wieder möglich wird. Ich muss jetzt wieder von vorne damit anfangen, »mein« Lebenskonzept zu entwerfen und mich danach auszurichten.

Schon bei diesen ersten Punkten, die in ähnlicher Weise auch beim Tod des Partners gegeben sind, wird also deutlich, dass eine Trennung immer und für beide eine grundlegende und schwerwiegende Krise bedeutet – ob sie es sich nun eingestehen oder nicht und ob sie die Trennung wollten oder nicht.

2.2 Schmerzliche Verluste werden erlitten

Was eine Trennung außerdem für jeden schwierig und oft auch besonders schmerzlich macht, sind vielfältige Verluste, die beide erleiden, die von beiden nicht vorausgesehen oder in ihrer Bedeutung – jedenfalls vom Trennungswilligen – oft gar nicht bedacht und im Vorhinein gesehen wurden. Diese Verluste wollen wir uns jetzt genauer anschauen.

Verlust von Hoffnung

»Die Hoffnung stirbt zuletzt« sagt man, und selbst wenn der Trennungswillige für die Zukunft dieser Beziehung gar keine Hoffnung mehr hat, war diese Beziehung am

Anfang mit einer starken Hoffnung auf Gelingen erfüllt, und immer wieder keimte auch in Krisen diese Hoffnung wieder auf: »Es wird vielleicht doch wieder besser und geht vielleicht doch wieder gut weiter.« Damit ist es jetzt – jedenfalls in Bezug auf die langjährige Hoffnung in *diese* Beziehung – endgültig vorbei. Die Hoffnung, in ihr und durch sie Lebenserfüllung zu finden, die immer wieder aufgekeimt ist, ist nun verloren, und das ist traurig und ein großer Verlust – für beide!

Verlust von Vertrautem und Gewohntem

Dazu kommt, dass ja nicht alles schlecht war in der Zeit mit dem Partner, von dem man sich jetzt trennt. Selbst die unbefriedigendste Beziehung erfüllt eine Menge von *alltäglichen* Bedürfnissen: Es war immer »jemand da«, wenn ich heimgekommen bin. »Unsere Wohnung« war auch »meine« Wohnung, und die verliere ich jetzt, wenn ich derjenige bin, der auszieht. Der Partner übernahm Aufgaben des gemeinsamen Lebens, sodass nicht alles an mir hängen blieb. Mit einem Wort: Ich war nicht allein, ich hatte ein »Zuhause« – und das gibt es plötzlich nicht mehr oder nicht mehr so, wie es war – wegen der Trennung. Dieser Verlust ist oft erheblich größer, als man zunächst wegen der Probleme in der Beziehung, die die Aufmerksamkeit beanspruchen, erwartet hat.

Verlust von vielem, was auch gut war in der Beziehung

Dazu kommt, dass für beide gilt, und zwar auch für den Trennungswilligen, ob er sich das gleich eingesteht oder erst später oder vielleicht gar nicht: Es war auch in der *Qualität* der Beziehung zum Partner und am Partner selbst nicht alles schlecht. Es gab und gibt vieles an ihm, seinen Eigenschaften, seiner Persönlichkeit, was nach wie vor bewunderungswürdig, imponierend, eindrucksvoll, ja sogar liebenswürdig war und ist – und auch das gibt es plötzlich nicht mehr in meinem Leben. Und unsere Beziehung hatte neben den großen Problemen ja auch noch andere Seiten: Vielleicht konnten wir z. B. bezogen auf die Kinder oder bei der Bewältigung des Alltags prima kooperieren, wir hatten vielleicht ähnliche oder ergänzende kulturelle Interessen oder zum Beispiel im Sport verbindende gemeinsame Vorlieben. Oder: »Ich konnte wie ein Handwerker alles im Haus machen, was nötig war – und du warst eine exquisite Köchin, wenn wir Gäste hatten. Das hat sich wunderbar ergänzt. Das alles ist zwar durch die Konflikte in den Hintergrund getreten, aber es hat uns auch auf eine gute Weise miteinander verbunden – und auch das ist jetzt verloren.« Jeder von beiden fällt dadurch mehr auf sich und seine Grenzen zurück!

Verlust von gesellschaftlichem Status

»Ich bin verheiratet«, »Ich habe einen Partner«, »Ich habe Familie« – ganz abgesehen von den konkreten Personen, die damit bezeichnet sind, benennen solche Aussagen auch jeweils einen gesellschaftlichen Status, den mir Ehe, Partnerschaft und Familie verleihen. Dieser ist plötzlich weg oder nur noch sehr eingeschränkt vorhanden (»Ich bin *noch* verheiratet ...«) – und das, ob ich nun der bin, der die Trennung wollte oder der, der nicht willens dazu war. Sicherlich hat dieser Verlust auch befreiende Aspekte: Nun ist eine Last weg, manches wird wieder möglich, was mir zuletzt verschlossen war. Aber das sollte nicht darüber hinwegtäuschen, dass ich als Alleinerziehende oder als Single und Getrennt-Lebender auch gesellschaftlichen Status verloren habe, der Halt gab und mich mir selber und vor allem in den Augen anderer als »vollwertig« erscheinen ließ.

Die genannten Verluste treffen in ganz ähnlicher, teilweise noch radikalerer Weise auch bei einer Trennung durch den Tod des Partners zu. Etwas anders scheint es mir in der Regel bei den beiden folgenden Verlusten zu sein. Sie sind wohl typisch nur bei Trennung vom Partner durch Entscheidung.

Verlust von gemeinsamen Beziehungs-Partnern

Nicht selten führt eine Trennung vom Partner auch zu einem Verlust von Freunden, die *gemeinsame* Freunde waren und die jetzt stärker auf die Seite des anderen gehen und sich deshalb von dem einen distanzieren. Damit kann die Zugehörigkeit zu einem sehr befriedigend erlebten Beziehungsnetz, in das sich beide eingebunden fühlten, mindestens für einen von beiden sehr ausdünnen und ihn einsam zurücklassen.

Noch öfter als dieser Beziehungsverlust bedeutet die Trennung auch Verlust der *Beziehung zu den Eltern und Verwandten des anderen*, also von den durch die Heirat neu hinzugewonnen »Verwandtschaftsbeziehungen«. Dies kann ebenfalls recht schmerzlich sein, wenn hier innige Beziehungen entstanden waren, zwischen Schwiegereltern und Schwiegersohn bzw. -tochter vor allem, aber auch zu anderen nahen Verwandten des Partners, die man gut kennen und mögen gelernt hat. Sehr oft fühlen sich diese aus Solidarität zu ihrem leiblichen Verwandten verpflichtet, den Kontakt zu dessen Partner abzubrechen, selbst wenn es gar nicht ihren eigenen Gefühlen diesem gegenüber entspricht.

Heute wohl nicht mehr sehr oft, aber doch auch immer wieder kann der Trennungsschritt schließlich auch noch dazu führen, dass der/die Trennungswillige sogar große *Probleme mit seinen/ihren eigenen Eltern oder nahen Verwandten* bekommt, weil sich diese von ihm/ihr distanzieren: Entweder weil sie den Partner sehr mochten und dem/der trennungswilligen Sohn/Tochter den Schritt deshalb übel nehmen, oder auch wenn sie die Schuld am Scheitern der Beziehung vor allem ihrem Sohn/ihrer Tochter in die Schuhe schieben. Verstärkend kann hinzukommen, dass auch weltanschauliche Gründe eine Rolle spielen: Trennung darf nicht sein, und wenn sie vollzogen wird, ist der Betreffende auf jeden Fall im Unrecht, auch wenn es sich um den eigenen Sohn, die eigene Tochter handelt.

Es kommt also in der Regel eine ganze Menge von Verlusten zusammen, wenn eine Trennung vom Partner erfolgt, mit dem das Zusammenleben auf Dauer angelegt war. Und zwar, wie wir gesehen haben, nicht nur für den Trennungs-Unwilligen, sondern auch für den, der die Trennung wollte und vorantrieb. Dies bleibt allerdings meist zunächst überdeckt von den Problemen, die zur Trennung führen oder geführt haben, und nach der Trennung werden davor oft die Augen verschlossen. Man darf sich das nicht eingestehen, es könnte ja zu dem Gedanken führen, die Trennung übereilt angestrebt zu haben. Und man will sich ja jetzt auf die neue Gegenwart und die Zukunft ausrichten, nimmt aber damit unbemerkt einige Hypotheken in das eigene weitere Leben mit.

2.3 Schuldgefühle wegen eigenen Versagens werden wachgerufen

Was eine Trennung außerdem schwierig macht und womit sie sehr oft auch belastet wird, sind Schuldgefühle: Schuldgefühle mir selbst gegenüber, Schuldgefühle dem Partner gegenüber und vor allem Schuldgefühle den gemeinsamen Kindern gegenüber.

Schuldgefühle mir selbst gegenüber:

»Ich habe nicht rechtzeitig Alarm geschlagen, nichts davon gesagt, wie es mir wirklich geht, zu oft über etwas Wichtiges hinweggesehen ... Ich war mir selbst und/oder dem anderen gegenüber nicht ehrlich, wie wichtig etwas gewesen wäre, oder wie sehr mich das und jenes damals verletzt hat ... Ich habe mir und uns nicht oder nicht durch die richtigen Leute helfen lassen ... und jetzt ist es zu spät!« Solche Schuldgefühle melden sich in der Regel auf beiden Seiten, auch wenn sie oft verdrängt oder durch »Racheverhalten« oder Wut- und Enttäuschungsgefühle dem anderen gegenüber überdeckt werden, um sie sich selber nicht eingestehen zu müssen.

Schuldgefühle dem Partner gegenüber

»Der, der geht, fühlt sich genauso schlecht und schuldig wie der, der verlassen wird«, schreibt eine Schweizer Scheidungsanwältin in einem Bericht über ihre Erfahrungen mit ihren Klienten.[5] Bei jeder Trennung ist es ja so, dass ich dem anderen in vielen Punkten nicht gerecht geworden, also an ihm »schuldig« geworden bin. Dies ist zwar in jeder Beziehung so: ich kann dem anderen nie »ganz gerecht werden«, die vollkommene Liebe gibt es ja nicht hier auf Erden. Aber wenn es zu Trennungen kommt, hat das »Nicht-gerecht-Werden« ein Ausmaß erreicht, das eine Fortsetzung der Beziehung mindestens einem der beiden unmöglich erscheinen lässt, und auf jeden Fall hat jeder daran auch seinen Anteil und ist so auch mit

schuld an der Trennung. Das kann ich natürlich vor mir selber und vor anderen verbergen, aber auf dem Grund meiner Seele weiß ich und weiß jeder der beiden, dass dem so ist, und fühlt es genau so, wie die oben zitierte Schweizer Anwältin es sagt.

Schuldgefühle mir selber und dem Partner gegenüber können auch sehr stark sein, wenn der Partner verstorben ist: *»Ich habe vieles versäumt während unseres Zusammenlebens, was gut und nötig gewesen wäre! Ich bin darum schuldig geworden – und kann es jetzt nicht mehr gutmachen!«*

Schuldgefühle den Kindern gegenüber

Schuldgefühle den Kindern gegenüber wegen der – mindestens von einem der Partner gewollten – Trennung sind wohl am häufigsten. Am deutlichsten werden sie in der Regel bei dem, der die Trennung will. Auch wenn er sich noch so »im Recht fühlt«, ist ihm bewusst, dass er mit diesem Schritt den Kindern etwas antut: Er nimmt ihnen die Möglichkeit, mit Vater und Mutter zusammen in einer vollständigen Familie aufzuwachsen. Heutzutage wächst zwar bei vielen betroffenen Paaren das Bewusstsein, dass die Kinder dabei nicht immer Schaden leiden müssen, vor allem dann nicht, wenn sie als die Erwachsenen dafür sorgen, dass auch der aus der gemeinsamen Wohnung ausgezogene Elternteil in regelmäßigem Kontakt zu ihnen bleibt. Aber weh tut der ausziehende Elternteil mit diesem Schritt den Kindern damit ja doch – und das bereitet ihm Schuldgefühle. Und wenn wir davon ausgehen, dass am Scheitern einer Ehe immer beide Seiten ihren Anteil haben, ist auch der bei den Kindern bleibende Elternteil bei dem, was »man den Kindern antut« mit beteiligt – und das schafft auch bei ihm Schuldgefühle, ob eingestanden oder nicht, ob zugegeben oder mit Rosenkriegen zugedeckt.

Das alles macht den Prozess einer Trennung schwierig, auch wenn diese noch so gewollt ist, weil der die Trennung herbeiführende Partner beim besten Willen keine andere Lösung mehr sehen kann, oder auch, wenn die Trennung – wie im Fall des Todes – schicksalshaft erzwungen worden ist. Oft werden diese Schwierigkeiten nicht deutlich genug ins Auge gefasst. Man möchte ja da durch, man möchte erreichen, was man will. Oder – aus der Sicht dessen, der die Trennung nicht wollte: Weil er die gesamte »Schuld« dafür beim anderen sucht und dabei sich selber und seinen eigenen Anteil daran »raushalten« will. Durch das Nicht-Bedenken dieser Schwierigkeiten werden aber sehr oft Strategien im Trennungsprozess gewählt oder auch zugelassen, die sich destruktiv für beide auswirken und die eine Reihe von »unerledigten Angelegenheiten« hervorbringen, die sich für einen Neuanfang in der Zukunft und für das Gelingen einer »gemeinsamen Elternschaft trotz Trennung« ganz destruktiv auswirken.

Um diese problematischen Trennungsstrategien nochmals ganz deutlich zu machen, besprechen wir sie nun im kommenden Kapitel.

3. Kapitel

Problematische
Bewältigungsversuche

3.1 Die Trennung immer wieder hinauszögern

Paare sind natürlich gut beraten, wenn sie aus den angeführten Gründen alles daran setzen, dass eine Trennung nicht nötig wird, das heißt, dass sie alle Hilfen, die heute zugänglich sind, nutzen, um ihre Beziehung neu auszurichten, auf eine bessere Grundlage zu stellen, neu aufzubauen. Solche Hilfen sind heutzutage: Hilfreiche Lektüre von Literatur über Paarbeziehungen und Beratung/Therapie. Zur Lektüre: Viele haben gute Erfahrungen damit gemacht, dass beide Partner das gleiche Buch, denselben Artikel lesen, um dann darüber miteinander ins Gespräch zu kommen. Weil man sich allerdings leicht dabei (wieder neu) »in die Haare geraten kann«, empfiehlt es sich oft, auch Beratung bzw. Therapie für die Beziehung, am besten zu zweit, an einer Beratungsstelle oder bei einem darauf spezialisierten Psychotherapeuten in Anspruch zu nehmen.

Dies erweist sich immer wieder als sehr hilfreich für einen Neuanfang. Aber manchmal stellt sich auch heraus: Die Lösung heißt wohl doch »Trennung«! Freilich stellt sich das niemals so heraus, wie das Ergebnis einer Rechenaufgabe: Dass es daran einfach keinen Zweifel geben kann. In Beziehungsfragen bleiben immer Möglichkeiten offen, die ich, die wir vielleicht nicht gesehen haben. Unser menschliches Schicksal ist es, dass wir dann trotzdem – unserem »Gefühl«, unserer »Intuition« folgend – eine Entscheidung treffen müssen, auch wenn sie »Trennung« heißt, obwohl wir alles andere lieber gehabt hätten als das. Denn bei allem, was Paare heute als Hilfe für die Verbesserung einer Beziehung in Anspruch nehmen können, kann sich eines doch immer wieder zeigen: dass »es auf Trennung hinausläuft«. Freilich kann man dann diesen Schritt trotzdem auch vermeiden, und das ist der erste von den problematischen Bewältigungsversuchen, die wir hier behandeln: Dass ein Paar sich nicht trennt, obwohl beide Partner die Notwendigkeit der Trennung sehen. In der Regel begegnen wir dabei vor allem zwei Begründungen:

»Es wird vielleicht doch wieder besser!«

So oder ähnlich ist die Begründung dafür, den ersten Schritt hin zu einer Trennung zu vermeiden. Das können sich beide Partner sagen oder einer von beiden, und der andere schließt sich an, obwohl er nicht daran glaubt. Sie brechen vielleicht die Beratung ab, die sie gerade machen, oder suchen eine andere, und die Beziehung läuft weiter, wie bisher. Dass der Schritt auf diese Weise vermieden wird, ist in aller Regel gut nachvollziehbar, wenn man weiß und erfahren hat, was im Prozess der Trennung auf ein Paar zukommt. Aber es kann natürlich trotzdem die falsche Problemlösungsstrategie sein, weil die Probleme so eben nicht gelöst werden, vielmehr gibt es die ständige Wiederholung des Gleichen, die Unachtsamkeiten, den Streit, die sexuellen Probleme, die Uneinigkeiten ... Und allmählich wird aus dem »Zuhause« der beiden ein trostloser »leerer Platz« ohne Wärme, den man möglichst oft verlässt, um anderswo Abwechslung und Freude zu erleben.

Hier ist für beide Partner das gefragt, was ich oben als Hilfe für meine eigenen Trennungsprozesse »Ehrlichkeit mir selber gegenüber« genannt habe, dieses »Hineinhören« und »Hineinspüren« in mich selber mit der Frage: »Stimmt die Situation wirklich noch für mich? Bringt sie mich, bringt sie meinen Partner, die Kinder noch voran, oder stagniert trotz aller Hilfsmaßnahmen alles, oder schadet sogar nur noch mir, dir, den Kindern ...?«

Eine andere Begründung dafür, dass eine fällige Trennung nicht angegangen und immer wieder hinausgeschoben wird, kann auch lauten:

»Man kann das den Kindern doch nicht antun!«

Hier zeigt sich wohl am deutlichsten der Hauptunterschied zwischen einer Trennung durch Tod und einer Trennung durch Scheidung: Im ersten Fall stellt das Leben den zurückbleibenden Partner einfach vor die Tatsache des Todes, im zweiten Fall ist die Trennung immer eine Sache der Entscheidung, meist nur eines Partners, manchmal auch beider Partner. Ist sie eine Sache der Entscheidung, kann sie vermieden oder immer wieder hinausgezögert werden. Denn einer von beiden oder beide meinen zum Beispiel, eine Trennung würde den gemeinsamen Kindern auf jeden Fall schweren Schaden zufügen, vor allem wenn sie noch klein sind. Darum bleibt man zusammen, auch wenn in der Beziehung so gut wie nichts mehr »geht«. Was ist von dieser »selbstlosen« und »edlen« Begründung zu halten?

Zweifellos wollen die Kinder Mutter *und* Vater beisammen haben, zweifellos ist »an sich« die »vollständige Familie« der beste Rahmen für ein gutes Aufwachsen. Und zweifellos bedeutet eine Trennung, bei der ein Elternteil die gemeinsame Wohnung verlässt, eine Krise für die Kinder. Die Frage, die sich aber dabei stellt, lautet: Wie geht es einem Kind, wie geht es Kindern, deren Eltern zwar zusammenbleiben, zwischen denen aber keine Liebe mehr spürbar ist? Wenn sie in einer Atmosphäre leben, die von Kälte oder Streit erfüllt ist, wo offene Abneigung der Eltern gegeneinander immer wieder spürbar wird – und das als Alltagszustand? Ist das eine Situation, in der Kinder gut aufwachsen können?

Wir wissen heute auch aus der Familienforschung, dass eine *solche* Situation für die Kinder schädlich ist, nicht eine Trennung, die fair verläuft und die gemeinsame Elternschaft nicht zerstört. Selbst wenn Streit vor den Kindern vermieden wird – in aller Regel spüren die Kinder sehr klar, wenn keine Liebe mehr zwischen den Eltern ist. Sie leiden darunter, sie kommen in Solidaritätskonflikte, sie fühlen sich nicht mehr geborgen. *Das* schadet den Kindern, nicht jedoch eine faire Trennung, nach der die Kinder – von beiden Eltern gewollt – regelmäßigen Kontakt zu beiden Elternteilen haben können. Sicher ist die Trennung eine Krise für sie, die sich aber nicht schädlich für ihr späteres Leben auswirken wird.

Es ist darum eine falsche und für alle Familienmitglieder schädliche Rücksichtnahme, eine nach allen Bemühungen noch immer nötig erscheinende Trennung zu vermeiden.

Wenn es nicht mehr gelingt, die Beziehung »in bessere Bahnen« zu lenken, ist – trotz aller Schwierigkeiten – der Schritt zur Trennung der bessere Weg. Wenn er dann vollzogen wird, gibt es allerdings immer noch eine Reihe von Möglichkeiten, dies auf eine ungute und schädliche Weise zu tun, oft gerade in dem Bemühen, die Schwierigkeiten dieses Schrittes zu erleichtern. Diesen Möglichkeiten wenden wir uns jetzt zu.

3.2 Schuldzuschreibung an den Partner

Opfer-Täter-Dynamik

Trennungen – das haben wir im letzten Kapitel angesprochen – lösen viele Schuldgefühle bei den betroffenen Erwachsenen aus. Die Spielarten, diese unangenehmen Gefühle gar nicht erst zuzulassen, »die Schuld« an der Trennung einseitig dem Partner in die Schuhe zu schieben, sie möglichst schnell loszuwerden oder jedenfalls erträglich zu machen, sind zahlreich. Dies geschieht auf typische Weise folgendermaßen: Derjenige, der die Trennung erleidet, macht sich zum »armen Opfer« und den Partner zum »bösen Täter«. Und der, der die Trennung betreibt bzw. vollzieht, meint, keine Alternative dazu zu haben, weil der andere ja nicht bereit ist, seine »Schuld« an der Misere der Beziehung auf sich zu nehmen. So macht auch er sich zum Opfer, das im anderen den eigentlichen Täter sieht, und so geraten die beiden in ein wech-

selseitiges »Ankläger-gegen-Ankläger-Verhältnis« zueinander, aus dessen innerer Dynamik sie sich nicht mehr
befreien können: »Du bist schuld!« – »Nein *du* bist
schuld!« – »Nein, *du*…« usw. – wir kennen das ja zur
Genüge. Keiner von beiden will schuld sein, darum versucht er den anderen zum Täter und sich zum Opfer zu
machen. Damit geraten beide immer wieder in eine »sym-
metrische Eskalation«, wie es in der Fachsprache heißt.
Und selbst wenn sie angesichts der Ergebnislosigkeit solcher Auseinandersetzungen äußerlich mehr und mehr
verstummen, setzt sich das Muster als innerer Prozess
fort und bestimmt viele Handlungen und Entscheidungen im weiteren Prozess der Trennung und oft auch noch
lange danach.

Das Spektrum dieser Schuld-Zuschreibungs-Strategien
reicht von inneren Haltungen und Selbstgesprächen ohne
verbale Äußerung über Auseinandersetzungen zwischen
den Partnern in unterschiedlicher Heftigkeit bis hin zu
dem, was heute im Anschluss an einen amerikanischen
Film aus dem Jahr 1989 oft als Rosenkrieg bezeichnet
wird: Die Noch- oder Ex-Eheleute streiten und prozes-
sieren gegeneinander mit allen rechtlichen und gericht-
lichen »Waffen« um Geld, Unterhalt, Sorge- und Umgangsrecht, und worum man noch alles streiten kann. Die
beiden geraten dabei oft in eine aussichtslose und äußerst
destruktive Dynamik hinein: Jeder sucht »Ausgleich« für
das vom anderen vermeintlich erlittene Unrecht mithilfe
von Strafe und Rache, indem er Zahlungen verweigert
oder dem anderen Sorge- oder gar Umgangsrecht bezüglich der Kinder entzieht oder einschränkt. Das kann er

natürlich nicht allein, sondern braucht dazu dann Rechtsanwälte, Gerichte, Sozialamtsmitarbeiter, psychologische
Gutachter usw. Und mit diesem unerquicklichen Kampf
über Jahre endet dann manchmal die vielleicht jahrzehn-
telange Liebesbeziehung zweier sonst durchaus vernünf-
tiger und ehrenwerter Menschen.

Gerechtigkeit und Liebe

Ob sich die hier geschilderte Opfer-Täter-Dynamik »nur«
als innerer Prozess, als ständiger lauter Streit oder als
gerichtlicher Rosenkrieg vollzieht: Ihm zugrunde liegt
immer eine fundamentale Verwechslung, die auch sonst
häufig im Zusammenleben von Paaren anzutreffen ist,
sich hier aber besonders zerstörerisch auswirkt: die Verwechslung von Liebe und Gerechtigkeit. Die beiden Eheleute haben ihr Zusammenleben begonnen, weil sie einander liebten. Und sie lassen sich scheiden, weil *diese Liebe
verlorengegangen ist.* Natürlich war für ihr Zusammenleben auch *die Gerechtigkeit* sehr wichtig: Die gleiche Verteilung der Lasten und Pflichten hinsichtlich der Verantwortung für Kinder, Finanzen, zu erledigenden Aufgaben
usw. Und natürlich kann es sein, dass sich in diesen Bereichen große Ungleichgewichte und damit Ungerechtigkeiten zwischen den beiden eingespielt haben, die einen von
beiden oder beide wütend aufeinander machten und machen. Aber wir können immer wieder feststellen: Wenn
Paare sich lieben, dann finden sie auch immer wieder
Wege, Ungerechtigkeiten zwischen sich – jedenfalls einigermaßen – wieder auszugleichen, und manche »Unge-

rechtigkeit« wird, wenn die Liebe noch lebendig ist, auch erträglich und tolerabel. Anders ist es, wenn die Liebe zwischen den beiden verloren gegangen ist: Dann kann es auf der Ebene des Zusammenlebens einhundert Prozent »gerecht« zugehen, und trotzdem: Die Ehe ist zu Ende. Denn ihre Grundlage existiert nicht mehr, die Liebe, die die beiden ein Paar werden ließ, ist tot.

Dass dies, wenn es nach und nach realisiert wird, sehr schmerzlich ist, ist klar, und dass das alle möglichen Gefühle in beiden erweckt, von Schmerz und Enttäuschung bis zu bitterem Hass, ist auch nur zu verständlich.

Aber hier – an dieser Stelle – wird nun von vielen Ehepaaren, vor allem in Trennungssituationen, der entscheidende Fehler gemacht: Die Verwechslung von Gerechtigkeit und Liebe. Was mir der andere an Liebe vorenthalten hat, wie er mich als seinen Partner allein gelassen, wie er seine Liebe anderen geschenkt hat, … Dass das alles mich kränkt und verletzt, ist verständlich und nachfühlbar. Aber aus diesen Gefühlen heraus machen Paare oft den Riesen-Fehler: Sie verlangen Genugtuung dafür voneinander, sie strafen sich finanziell und sie verlangen »Ausgleich« voneinander durch mehr Rechte, mehr Geld, mehr Kontakt zu den Kindern usw. Würden sie nur den Ausgleich hinsichtlich »Gerechtigkeit« voneinander verlangen, wäre das über einen Mediations-Experten sehr schnell vollzogen. Denn hier kann man rechnen, hier kann man Kompromisse schließen, hier kann man ein annäherndes 50-zu-50-Verhältnis wieder herstellen: So wie sich auch finanzielle Schulden durch Nachzahlung des Schuldners wieder ausgleichen lassen. Diesen »gerechten

Ausgleich« soll ja eine Mediation oder auch die Einschaltung eines Anwalts in das Trennungsgeschehen fördern und erreichen.

Warum es aber hier mit der Einigung oft so schwierig wird: Der Ausgleich wird eigentlich auf der Liebesebene voneinander verlangt. Der Liebesentzug durch den anderen hat mich sehr verletzt, darum soll er dafür »büßen«, und ist er nicht bereit dazu, nehme ich »Rache« an ihm – mit all den Mitteln, die wir aus Rosenkriegen zur Genüge kennen. Der fundamentale Irrtum dabei: In der Liebe gibt es keinen Ausgleich. Die Kränkungen im Bereich der Liebe können durch äußere Leistungen wie Finanzen oder zugesprochene Rechte (z. B. einseitiges Sorgerecht für die Kinder) nicht ausgeglichen werden, und wenn es versucht wird, bleibt die Tendenz bestehen, dass »es nicht genug ist« und dass es die entsprechenden Gegen-Forderungen provoziert, woraus dann die nicht enden wollenden Kreisläufe der Rosenkriege entstehen.

Wenn die Liebe in der Beziehung zwischen Erwachsenen verletzt wurde, gibt es aller Erfahrung nach nur einen wirklichen Ausgleich, und der heißt »Verzeihen«: Dass der Verletzte dem, der die Liebe verletzt hat, diese Verletzung verzeiht. Zum Zeitpunkt einer Trennung, an dem wir hier in unseren Ausführungen stehen, ist es dazu aber in aller Regel zu früh. Wir werden darauf später noch ausführlich zurückkommen (s. Kap. 5). Es wäre aber hier schon von größter Wichtigkeit, dass Paare, die sich trennen, diese Gefahr der Vermischung der Ebenen »Gerechtigkeit« und »Liebe« sehen und sich vor allem über Mediatoren helfen lassen, die Angelegenheiten, die zu regeln sind, jetzt möglichst gerecht zu regeln, um so die genannte Vermischung und ihre Eskalationsgefahren zu verhindern.

Die wahren »Opfer«: Die Kinder

Wenn die geschilderte Vermischung nicht vermieden wird, sind die eigentlichen Opfer des Geschehens die Kinder. Wenn die Eltern sich bekämpfen, kommen sie nämlich ihnen gegenüber in heftige Solidaritätskonflikte – und dies nicht erst, wenn sich die Situation zu Rosenkriegen mit Anwälten und vor Gericht gesteigert hat, sondern schon viel früher, nämlich wenn die Eltern sich innerlich von Rachegefühlen und Bestrafungsgedanken dem anderen Elternteil gegenüber besetzen lassen und so eine feindselige Haltung gegeneinander einnehmen. Selbst wenn sie vermeiden (was oft nicht einmal geschieht!), vor den Kindern zu streiten oder abfällig über den anderen zu reden: Diese feindselige Haltung spüren die Kinder. Und schon dies manövriert sie in die genannten Solidaritätskonflikte.

Kinder wollen nämlich eine gute Beziehung zu *beiden* Eltern haben dürfen. Wenn sie merken: Die Mama hasst den Papa (oder umgekehrt), stürzt sie das in ein furchtbares emotionales Dilemma: Müssen sie jetzt zur Mama halten und den Papa auch hassen? Aber das können sie doch nicht, das ist doch ihr Papa! Daran können sie für später wirklich erheblichen seelischen Schaden nehmen, wie uns viele Untersuchungen der letzten Jahre deutlich gemacht haben.

Natürlich ist es für die Eltern in der Scheidungsphase (und oft auch noch lange danach) gar nicht einfach, zeigt sich aber hier als dringliche Notwendigkeit: Zu realisieren, dass Trennung und Scheidung Sache der Erwachsenen als *Paar* ist, und dass auf der *Elternebene* gilt: »Wir *bleiben* weiterhin beide Vater und Mutter der Kinder, und in diesem Sinn gehen wir auch mit unseren Kindern um!« Alles andere bringt die Kinder – oft anfangs noch sehr unbewusst – in ein schlimmes emotionales Dilemma und ist darum eine sehr destruktive, aber leider oft anzutreffende Reaktion bei einer Trennung.

3.3 Verdrängen, sich ablenken

Ein weiterer, sich jedenfalls in der Zukunft der Partner sehr destruktiv auswirkender Bewältigungsversuch von Trennung und Scheidung besteht in unterschiedlichen Formen von Ablenkung und Verdrängung, die bei der einseitig oder beidseitig gewollten Trennung häufig anzutreffen sind, wohl häufiger als bei der durch Tod erzwungenen: Man schaut nicht mehr auf die sich vollziehende oder gerade vollzogene Trennung, man drängt in den Hintergrund, was einen da beschäftigt, mit Wut oder Trauer und Schmerz erfüllen will, und fixiert sich stattdessen auf die neue Situation und auf das, was jetzt auf einen zukommt.

Natürlich ist es auch wichtig, die veränderte Gegenwart und die Zukunft ins Auge zu fassen. Man muss sich ja auf einen neuen Lebensabschnitt einstellen: Was heißt das jetzt, ohne Partner aus der Wohnung ausgezogen, oder allein mit den Kindern zu sein? Wie wird es jetzt finanziell weitergehen, wie kann ein nicht-feindseliges Verhältnis zum anderen Elternteil aufgebaut werden, wie kann ich gut mit den Kindern darüber reden, »dass der Papa jetzt nicht mehr bei uns wohnt«? Dergleichen und noch viel mehr gilt es jetzt zu überlegen und dafür Lösungen zu suchen. Das für sich genommen ist noch keineswegs ein »Verdrängen« oder »Ablenken«. Oft »benutzen« aber frisch Getrennte solche Fragestellungen dazu, das, was war, auszublenden, als wäre es nie gewesen. Damit aber schaffen sie sehr gefährliche Voraussetzungen dafür, dass diese verdrängten Elemente gute neue Lösungen sehr schwer bis unmöglich machen.

Als Beispiel führe ich hier ein Paar an, dessen männlichen Teil ich durch beruflichen Kontakt gut kannte, und den ich hier Lukas nenne. Lukas war ein »Rechtmacher«, er tat alles nur Mögliche, um seine Frau Corinna zufriedenzustellen. Aber ihr konnte man es einfach nicht »recht machen«. Sie hatte immer etwas zu kritisieren an ihm und hielt ihn mehr und mehr von sich »auf Distanz«. So kam es eines Tages, wie es kommen musste: Lukas verliebte sich in eine andere Frau, merkte in der Beziehung zu dieser, was er alles von Corinna nicht bekommen hatte, und fasste so den Mut, sich von ihr zu trennen. Das war für Corinna ein harter Schlag, mit dem sie überhaupt nicht gerechnet hatte, und sie konnte sich den eigenen Anteil an diesem Verlauf nicht eingestehen. Aus ihrer Sicht hatte sie doch alles für ihn und die beiden Kinder getan, und so sah sie in Lukas ausschließlich den Täter und fühlte sich von ihm zum Opfer gemacht. Die Folge war, dass sie in den Scheidungsverhandlungen alles daran setzte, Lukas den Zugang zu den Kindern zu verwehren. Dies gelang ihr zwar rechtlich nicht, aber sie tat in der nachfolgenden Zeit alles nur Mögliche, um den Kontakt der Kinder zu Lukas schwierig zu machen und ihn zu verhindern, wo es nur ging. Für den Außenstehenden war hier überdeutlich zu sehen: Corinna hatte sich den eigenen Anteil an der Trennung nicht eingestanden, sie hatte ihn verdrängt und sich auf diese Weise zum armen Opfer, Lukas dagegen zum alleinigen bösen und charakterlosen Täter gemacht. Dies erfüllte sie mit starken Rachegefühlen ihm gegenüber. Aber auch die gestand sie sich nicht ein, sondern machte sich zur einzig verantwortlich handelnden Person und Beschützerin der Kinder.

Solche Verdrängungen und daraus entstehende, nicht beachtete Rachegefühle führen oft dazu, dass der Verlassene aus angeblich wichtigen Gründen dem Partner den Zugang zu den Kindern erschwert oder unmöglich macht. Häufig streiten Paare auch unnötig über Finanzen und verstellen sich dadurch die Sicht auf faire Kompromissmöglichkeiten oder das Klima zwischen den Ex-Partnern bleibt feindselig und die weiterhin nötige Kooperation zwischen den beiden wird sehr erschwert.

3.4 Schnell eine neue Beziehung

Häufig »dient« besonders *ein* Verhalten dem Verdrängen dessen, was mit der alten Beziehung zusammenhängt: Einer oder beide Ex-Partner gehen *sehr schnell eine neue feste Liebesbeziehung* ein. Dies liegt dann sogar sehr nahe, wenn einer der Partner bereits *vor* der Trennung eine andere Liebesbeziehung, eine »Außenbeziehung« hatte, die mit dazu beitrug, dass es zur Trennung gekommen war und die er jetzt sehr schnell »fest« machen möchte. Dabei wird oft nicht beachtet, dass sich die Situation einer solchen Liebesbeziehung *nach* der Trennung vom Partner im Vergleich zu vorher radikal verändert hat: Vorher war sie eine »Außen- oder Nebenbeziehung«, jetzt stellt sie der Getrennte plötzlich ganz in den Mittelpunkt. Häufig scheitern daran solche Beziehungen nach kurzer Zeit, denn darauf war der/die Geliebte gar nicht eingestellt, und selbst wenn er/sie sich auch darauf einlässt: Wie anders das jetzt ist, wenn man keine heimlichen »Dates« mehr vereinbart, wie sehr sich eine Alltag werdende Beziehung von einer (ja meist zunächst heimlichen) Liebesbeziehung unterscheidet, wird auch ihm/ihr erst jetzt bewusst!

Die einzig vernünftige Erkenntnis daraus lautet: Sich Zeit lassen, alles noch offen lassen – bis wieder alles in ruhigere Bahnen gekommen ist und das Leben der getrennten Familie und das Leben des getrennten Partners sich wieder eingespielt haben.

Auch in den anderen möglichen Fällen gilt dies: Bei beiden, beim dem, der sich trennt, wie bei dem, der dem Trennungsentschluss gefolgt ist (oder folgen musste), gibt es die Tendenz, zu schnell neue verbindliche Beziehungen zu suchen und einzugehen. Zu schnell, das heißt: Bevor man noch den nötigen Abstand zur »alten« Beziehung erreicht hat, bevor man noch wirklich den Abschied von ihr genommen hat, mit allem was dazugehört: Dass man auch die Verluste wahrnimmt, die man durch das Aufgeben dieser Beziehung erleidet, und die eigenen Anteile am Scheitern dieser Beziehung realisiert. Wenn das noch nicht einmal in Ansätzen geschehen ist, wird die Wahrscheinlichkeit sehr groß, dass man genau die gleichen destruktiven Beziehungsmuster in der neuen Beziehung wiederholt, durch die man in der alten zu deren Scheitern beigetragen hat. Diese »Wiederholung der alten Muster« ist sehr häufig anzutreffen und macht dann eine oft recht rasche neue Trennung nötig. So bewirkt die Beziehung sehr viel neues Leid, anstatt ein neuer, besserer Weg in die Zukunft zu werden. Dies gilt übrigens auch für den, dessen Alleinsein durch eine Trennung durch Tod verursacht worden ist.

Manchmal scheitern zu schnell eingegangene neue Beziehungen allerdings auch daran, dass der aus der alten Beziehung Getrennte nun in der neuen Beziehung nicht die alten Muster *wiederholt*, sondern alles daran setzt, *genau das Gegenteil* von dem zu machen, wie er sich vorher verhalten hat. So habe ich es einmal in einem Fall erlebt: Ein Mann, ich nenne ihn hier Arnold, war in der Beziehung, die der jetzigen vorausgegangen war, sehr distanziert und hat sich nur wenig auf Nähe eingelassen. Es war ihm ein übertrieben großes Anliegen, nur ja seine Eigenständigkeit der Partnerin gegenüber zu behalten. Dadurch hatte sich diese mehr und mehr alleingelassen gefühlt und deshalb eine andere Beziehung begonnen, was schließlich dann zur Trennung von Arnold führte. Das war für ihn, den »Verlassenen«, ein solcher Schock, dass er sich nun, in der sehr rasch eingegangenen neuen Beziehung, genau gegenteilig verhielt. Er suchte ständig die Nähe der neuen Partnerin, vergewisserte sich immer wieder, wie es mit ihr stand, wo sie sich gerade aufhielt, was sie gerade machte – so lange, bis sie es nicht mehr aushielt, weil sie die Nähe-Suche von Arnold nur noch als totale Kontrolle erlebte. So wäre es – aber jetzt aufgrund des gegenteiligen Verhaltens von Arnold – wieder zur Trennung gekommen, wenn Arnold nicht im Rahmen einer Paarberatung einen besseren Weg, einen zwischen zu enger Nähe und zu großer Distanz, gefunden hätte. Zahlenmäßig häufiger als dieses »Kippen ins Gegenteil« ist wahrscheinlich die Muster-Wiederholung, aber wo es anzutreffen ist, hat es nicht weniger destruktive Auswirkungen für einen Neuanfang als das alte Muster.

Weil vor der Verdrängung der bitteren Trennungserfahrung und vor solchen »Übersprungs-Handlungen« wie dem überschnellen Eingehen neuer Verbindlichkeit kein Betroffener gefeit ist, sollte auch deshalb in der Regel von beiden – wie bereits erwähnt – eine *gemeinsame Mediation* in Anspruch genommen werden. Hier geht es ja darum, durch Vermittlung des Mediators Vermischungen von jetzt nötigen äußeren Regelungen mit den inneren emotionalen Betroffenheiten zu vermeiden, beides klar voneinander zu unterscheiden und für das zukünftige Leben praktikable und gerechte Regelungen bezüglich Finanzen und Umgang mit den Kindern zu finden.

Um zu vermeiden, dass die emotionalen Betroffenheiten die äußeren Regelungen aber doch noch stören und durcheinander bringen, kann es außerdem sehr hilfreich sein, wenn die beiden sich trennenden Partner, jeder für sich, auch eine *therapeutische Einzelberatung* suchen (jedenfalls ein paar Termine). Dort ist Raum, in dem alles, was im Herzen und in der Seele an Gedanken und Gefühlen im Zusammenhang mit der Trennung rumort und den klaren Blick auf die Regelung der Gesamtsituation zu trüben droht, offen besprochen und geklärt werden kann. Dies gilt natürlich auch für den, der durch eine Trennung aufgrund von Tod jetzt allein ist und sich neu orientieren muss.

Wenn die Trennung gelingen und ein neuer Aufbruch für beide Partner möglich werden soll, ist es also sehr nötig, dass sich beide den Schwierigkeiten dieses Schrittes stellen, sich diese nach und nach eingestehen und dadurch vermeiden, die eben geschilderten problematischen Problemlösungs-Strategien zu wählen. Stattdessen wird so ein echter Abschied vom Partner als Partner, von der »vollständigen Familie« als Lebensraum und vom bisherigen Lebensabschnitt, der damit zu Ende geht, möglich.

4. Kapitel

Wie aus dem Abbruch ein neuer Aufbruch werden kann

In diesem Kapitel geht es um das, was hilfreich sein kann, den Weg in eine neue Zukunft des eigenen individuellen Lebens und des Zusammenlebens mit einem neuen Partner zu finden und zu gehen. Dabei wird es manchen überraschen, dass ich gerade dabei wieder mit der Vergangenheit beginne.

4.1 Trauern

Beide Partner, sowohl derjenige, der die Trennung initiiert hat, als auch derjenige, der sich damit abfinden und darauf einstellen musste, haben mit ihrer Beziehung eine ganze Menge Wertvolles verloren. Wir haben im vorausgehenden Kapitel einiges davon aufgezählt. Wenn wir uns auf die emotionale Seite dieser Verluste einlassen, dann schmerzt dies. Diesen Schmerz zuzulassen und damit einen echten Trauerprozess zu vollziehen, darauf kommt es jetzt vor allem an. Dies ist im Fall einer Trennung durch Tod in der Regel wohl einfacher als bei einer Trennung durch Entscheidung, und im Fall von Tod ist es auch gesellschaftlich viel akzeptierter und eher »vorgesehen« als bei einer Trennung durch Entscheidung. Aber auch in diesen Fällen gilt: Nur dann kann es in Zukunft gut weitergehen – und zwar für alle Beteiligten und Betroffenen, vor allem auch für die Kinder, wenn der Trauerprozess zugelassen und vollzogen wird! Warum ist das so? Und was ist das eigentlich – Trauer und »Trauer-Prozess« oder »Trauer-Arbeit«, wie dieser Prozess auch manchmal genannt wird?

Wir haben gesehen, dass nicht nur derjenige, der die Trennung gegen seinen Willen vollziehen muss, sondern auch derjenige, der sie initiiert und vorantreibt, eine ganze Menge Verluste erleidet, die er eigentlich nicht gewollt hat, die er aber in Kauf nehmen muss, damit die Trennung möglich wird. Wie bewältigt man aber Verluste, die man erleidet oder erlitten hat? Nur dadurch, dass man nicht nur Wut und Ärger darüber zulässt. Diese Gefühle steigen in vielen Betroffenen hoch und werden auch meist deutlich zum Ausdruck gebracht, das ist nur natürlich. Aber es kommt hier vor allem darauf an, *den Schmerz über die erlittenen oder in Kauf genommenen Verluste* zuzulassen. Nur im *Zu*lassen des Trennungsschmerzes kann man das Verlorene letztlich auch *los*lassen. Diesen Schmerz vermeiden zu wollen bedeutet: *»Ich halte weiterhin an dem Verlorenen fest oder das Verlorene hält an mir fest, obwohl es weg ist. Ich lebe gleichsam weiter in einer Situation, die vorbei und nicht mehr veränderbar ist.«*

Das kann für Gegenwart und Zukunft sehr problematische Folgen haben. So kam der Ingenieur Frieder M. zu mir ins Coaching, weil es ihm nicht gelang, an seiner neuen Stelle erfolgreich zu sein, obwohl sein berufliches Profil genau auf diese Stelle »passte«. Als wir darüber sprachen, wie er auf diese neue Stelle gekommen war, stellte sich heraus, dass er seine alte, die ihm sehr lieb und teuer war, durch eine Umstrukturierung der Firma verloren hatte. Er war darüber ärgerlich, ja wütend und äußerte diese Gefühle sehr ausführlich und immer wieder.

Aber von Trauer und Schmerz über den Verlust war zunächst nichts zu spüren. Dadurch kreiste sein Denken und Fühlen weiterhin um die schuldlos verlorene Stelle und erfüllte ihn mit Anklagen und Vorwürfen gegen die »Umstrukturierer«. Damit blieb aber auch seine Lebensenergie in der Vergangenheit gebunden und stand ihm nicht oder nur sehr begrenzt für die neuen Aufgaben zur Verfügung. Das Entwerfen neuer Perspektiven und der Einsatz seiner Kräfte dafür war ihm kaum möglich. Als er durch unsere Gespräche mehr und mehr auch den Schmerz über den Verlust spüren und zulassen konnte, wurde eine große Erleichterung spürbar. Wie er mir später berichtete, wurde er von da an auch mit der neuen Situation zufriedener, und auch seine Leistungen wurden wieder so, wie man es von ihm und er es von sich selber erwartete.

Den Schmerz, die Trauer über das Verlorene zuzulassen, bedeutet gleichsam die Hand zu öffnen, mit der ich am Alten festhalte, oder umgekehrt: Wenn ich die Hand öffne, mit der ich am verlorenen Vergangenen festgehalten habe, löst sich in mir der Schmerz, die Tränen können fließen, Verspannung und Verkrampfung lösen sich, und ich werde frei für Neues. Dies gilt ganz allgemein und natürlich auch für die Verluste, die mit einer Trennung vom Partner verbunden sind.

Trauer und gewollte Trennung

Was die Trauer angeht, gibt es natürlich Unterschiede zwischen dem, von dem die Trennung initiiert wurde und dem, der darauf wohl oder übel eingehen musste. Für den, der die Trennung gewollt hat, kann dieser Schritt auch eine große Befreiung sein. Aber wir haben gesehen: Auch für ihn ist die Trennung mit einer Reihe von erheblichen Verlusten verbunden. Weil er sich jedoch vordergründig befreit fühlt, besteht hier, wie wir bereits erwähnt haben, die besondere Gefahr, dass er über die Verlust-Seiten seiner Trennung hinweggeht und sie unbeachtet lässt. Damit aber kann es sein, dass er an allem Möglichen »hängen bleibt«, was jetzt vorbei ist, ohne es zunächst zu merken.

Verstärkt werden kann dieser Prozess noch dadurch, dass der Trennungswillige gleich hastig in die Zukunft drängt – durch eine neue Beziehung zum Beispiel. Die Folge kann sein: Diese neue Beziehung geht wieder schief, manchmal sehr schnell, weil da plötzlich alles Mögliche »hochkommt«, was in der früheren Beziehung »doch gar nicht so schlecht war« und das er jetzt vermisst.

Eine weitere negative Folge kann sein, dass sich die nicht oder zu wenig vollzogene Trauer beim Trennungswilligen auch so auswirkt, dass er, weil er in Ärger und Wut auf den getrennten Partner verhaftet bleibt, sich selbst, dem Ex-Partner und den Kindern das weitere Leben als »getrennte Familie« sehr erschwert, indem er dem Ex-Partner durch unzweckmäßige Regelungen bezüglich Kindern und Finanzen auch noch alles Mögliche »heimzahlen« will. Auch dadurch bleibt er in der Vergangenheit »hängen« und blockiert seine Schritte in ein neues Leben. Es ist darum für eine gute Trennung sehr wichtig, dass auch der Trennungswillige sich die nötige Zeit nimmt, die Verluste, die auch er erlitten hat, zu bedenken, ihnen nachzufühlen und die Trauer darüber zuzulassen.

Trauer und nicht gewollte Trennung

Für den Partner, der sich dem Trennungswillen des anderen fügen musste, liegt es einerseits viel näher, zu trauern, denn er hat den Verlust von Ehe und »vollständiger Familie« ja tatsächlich gegen seinen Willen »erlitten«. Andererseits gibt es auch für ihn große Hindernisse, ja vielleicht noch größere als für den Trennungswilligen, den Trauerprozess tatsächlich zu vollziehen. Der Grund ist all das, was vor der Trennung geschehen ist und zur Trennung geführt hat: »*Der andere hat mich betrogen, er hat mich überrumpelt, er hat sich schon vorher nie um die Beziehung gekümmert, er hat mich übervorteilt, war gemein zu mir...*« Alles taucht hier wieder auf, alles, was ich dem anderen übel nehme, was er mir meinem Gefühl nach angetan hat und worauf ich jetzt mit Ärger, Wut, Frust und Rachegefühlen reagiere.

Derartige Gefühle decken den Schmerz und die Trauer über den Verlust – jedenfalls beim Trennungs-Unwilligen einer Trennung durch Entscheidung – sehr oft wie mit einer dicken Schicht zu. Und so verständlich solche Gefühle sein können und so natürlich es ist, dass sie sich melden – nicht selten erleben wir, dass es dabei bleibt. Und dann bedeutet das nichts anderes als: Ich lasse nicht los. Ich halte an der Beziehung fest, zwar nicht im Positiven, aber – fester vielleicht als es je mit positiven Gefühlen war – im Negativen. Zorn, Wut und Hass, an denen festgehalten wird, binden unter Umständen stärker an den anderen, als es positive Gefühle je zustande gebracht haben. Die Folge sind dann die bereits erwähnten Rosenkriege oder deren weniger spektakuläre Varianten von immer wieder aufkommenden Auseinandersetzungen oder auch von – gar nicht mehr nach außen dringenden – nach wie vor festgehaltenen tiefen Ressentiments und Hassgefühlen dem Ex-Partner gegenüber.

Ich habe in der Arbeit als Paartherapeut immer wieder die Erfahrung gemacht, dass der Trennungs-Unwillige sich damit seine eigene Zukunft vollständig verbaut, und zwar öfter bei Frauen als bei Männern: Obwohl sie selber während der Beziehung keineswegs nur die liebenden, hingebungsvollen Gattinnen waren, sondern manchmal kräftig an der Zerrüttung der Beziehung mitgewirkt hatten, stellten sie sich danach als die ausschließlich Liebenden dar, denen durch den Schritt des anderen schwerstes Unrecht geschehen war, und den sie deshalb über Jahre hin innerlich oder auch »rosenkriegerisch« verfolgen »müssen«. Meist leben diese Frauen ohne neuen Partner. Dessen Platz ist offensichtlich immer noch vom »alten« besetzt, dem sie in Rachegefühlen innig verbunden geblieben sind, inniger als sie es während ihrer Ehe mit positiven Gefühlen je waren. Hier wird besonders deutlich, wie man sich durch Vermeiden der Trauer die eigene Zukunft verbauen kann.

Rache und Rachegefühle schaffen keinen Ausgleich für das wirkliche oder vermeintliche Unrecht, das man erlitten hat – wir haben darüber bereits gesprochen und werden auch nochmals darauf zurückkommen. Einen wirklichen »Ausgleich« gibt es hier ohnehin nicht. Nur Vergebung kann eine neue Situation schaffen (siehe dazu Kapitel 6).

Trauer und Selbstannahme

Trauern bedeutet, so haben wir gesagt, auch Annehmen: Annehmen des erlittenen Verlustes. Das heißt aber auch, und zwar sowohl für den, der die Trennung wollte als auch für den, der sie nicht wollte, ein Selbsteingeständnis: »Ich war ohnmächtig«, »Ich habe es, trotz allen Bemühens, nicht geschafft, die Beziehung zum Gelingen zu bringen ...« »Ich bin da an unüberwindliche eigene Grenzen gestoßen, bin gescheitert«.

Dieses Selbsteingeständnis verlangt eine Tugend von uns, die heutzutage in nicht sehr gutem Ruf steht, nämlich die *Tugend der Demut*. Demut besteht im Kern darin, die eigene bleibende und unüberwindliche Begrenztheit im Umgang mit dem Leben anzuerkennen und anzunehmen. Dies kann ein sehr zentraler Lerngewinn aus Trennungsprozessen sein: Meine Kräfte und Fähigkeiten sind begrenzt, sie reichen nicht aus, immer und überall das zu schaffen, was ich idealerweise möchte und für mich für das Beste halte. So schwer uns dieses Eingeständnis immer wieder einmal fällt, seine Auswirkungen sind sehr positiv: Es entlastet, es löst Verkrampfungen, es ermöglicht uns das Erlebnis von Solidarität mit den anderen: Wir alle sind begrenzt, und im Eingestehen dieser Tatsache eröffnen sich viele Wege zueinander, die bisher verschlossen waren.

Gerade auch aus diesem Grund kann sich die Erfahrung einer Trennung so positiv auf eine nachfolgende Beziehung auswirken!

4.2 Den neuen Raum vor mir wahrnehmen

Wenn man die Trauer über das, was man durch die Trennung verloren hat, nicht ausblendet, sondern immer wieder in seinem Herzen oder auch im Gespräch mit vertrauten Menschen zulässt, dann kann man nun beginnen, den Blick auch auf den neuen Raum zu richten, der sich vor einem öffnet und darauf, was sich Neues an Lebensmöglichkeiten zeigt. Für den, der mit den Kindern zusammenbleibt und dessen Alltag davon in der Regel stark bestimmt wird, ist es hier äußerst wichtig, dass er sich von allem, was nun durch die Abwesenheit des getrennten Partners im Alltag zusätzlich auf ihm lastet, nicht auffressen lässt! Jeder der beiden frisch Getrennten braucht jetzt Zeit und Raum für sich. Ich habe bereits darauf hingewiesen (s. oben S. 36 f), wie groß die Hilfe für mich war, im Zusammenhang mit meinen eigenen Trennungen zu erleben: Es gibt viele Menschen – mehr, als wir es oft für möglich halten, seien es Angehörige, Freunde oder Bekannte –, die gerade in solchen Krisenzeiten bereit sind, zu unterstützen. Zum Beispiel zwischendurch mal die Kinder zu übernehmen oder andere Aufgaben für uns zu erledigen, oder aber einfach da zu sein für Kontakt und Gespräch und um ihr Mitgefühl zu zeigen.

Was heißt das nun aber konkret – *den offenen Raum vor mir wahrnehmen*? Es heißt zunächst einmal und als Erstes:

Die neuen Möglichkeiten sehen

Vieles ist wieder möglich und zugänglich, was vorher verschlossen war. Ich selbst habe das unter dem Eindruck meiner eigenen Trennungserfahrung einmal so formuliert: Es war, »*als ob neues Land sich vor mir auftun würde. Das lag zwar noch im Dunkel und wie hinter einer Nebelwand, aber es gab Platz da, und es war, als wenn ich endlich aus einer Sackgasse raus wäre... Alles schien wieder möglich, nichts mehr festgelegt, nichts mehr vorgezeichnet...*«[6] Ich spiele hier als Metapher auf die Erzählung von der Befreiung des Volkes Israel aus der ägyptischen Gefangenschaft an (2 Mos. Kap. 12 ff): Noch ist Nebel und Dunkel, noch wandert man durch die Wüste, aber man spürt auch schon das »Verheißene Land« vor sich als nun immer konkretere Möglichkeit! Solche Gefühle darf und soll man natürlich jetzt *auch* zulassen, und zwar gilt das besonders auch für den, der die Trennung vielleicht bis zum Schluss nicht wollte und sich dagegen gewehrt hat. Auch er darf das »Gelobte Land« der neuen Möglichkeiten vor sich spüren und braucht nicht mehr – der verlorenen Sicherheit der »ägyptischen Gefangenschaft« nachtrauernd – vor sich hin zu grollen.

Mich selber neu entdecken

Eine sehr wichtige »neue Möglichkeit« in diesem sich öffnenden Raum vor mir bin ich selber. Mich selber neu sehen: *Ich habe einen schweren, aber sehr wichtigen Weg hinter mir, der mir selber wahrscheinlich ganz neue Seiten an mir gezeigt hat: Wut, Schmerz, Rachegefühle, Ängste, Verlassenheitsgefühle ... Ein ganzes Spektrum von negativen Gefühlen tut sich vor mir auf, die plötzlich in mir hochkamen und zeitweise noch immer hochkommen: Gefühle, die ich gar nicht an mir kannte, die aber offensichtlich auch zu mir gehören! In solchen Gefühlen nicht stecken bleiben, aber sie auch nicht verdrängen, sondern sie mir eingestehen, sich vielleicht auch über sie wundern, das ist jetzt wichtig: das alles gehört auch zu mir, mit all dem muss ich in der Zukunft auch rechnen. Es ist nötig, mir das einzugestehen, ich muss ja lernen, damit umzugehen – vielleicht besser als bisher. Und es bedeutet ja auch einen großen Reichtum, dass das alles auch zu mir gehört!*

Außerdem darf und soll ich jetzt auch *die Seiten an mir wahrnehmen und anerkennen, die sich im Trennungspro-*

zess möglicherweise sehr bewährt haben, die mir aber erst jetzt auffallen, wenn ich aus der Distanz darauf blicke: meine Geduld, meine Klarheit, meine Standhaftigkeit, meine Konsequenz… Und es kann auch sein, dass ich jetzt wieder *Seiten neu an mir wahrnehme,* die für mich schon lange nicht mehr spürbar waren, die vielleicht im jahrelangen Konfliktprozess der Beziehung fast verkümmert sind: Frische, Humor, Lebendigkeit, Freude an kleinen Dingen und ähnliche Gefühle, die jetzt, nachdem die Trennung vollzogen ist, in mir wieder spürbar werden.

Zudem kann es sein, dass ich jetzt plötzlich *auch ganz neue Seiten und Eigenschaften an mir* erlebe, die ich an mir bisher gar nicht kannte. So fand ich in meinen Aufzeichnungen im Zusammenhang mit meiner eigenen Trennung folgende Zeilen: Es war, »*als ob sie (die Trennung) mir wieder das Herz geöffnet hätte, als ob sie meine inneren Quellen wieder zum Sprudeln gebracht hätte. Ich konnte mich auf eine irgendwie neue Weise zu anderen Menschen hinwenden und erfuhr auf eine neue und lange nicht mehr gekannte Weise Sympathie, Zuwendung und Liebe von ihnen. Vor allem wagte ich, Frauen gegenüber Gefühle zu zeigen und von ihnen Gefühle anzunehmen, die ich früher nicht wahrzunehmen, geschweige denn auszudrücken oder entgegenzunehmen gewagt hätte. Auf diese Weise Frauen neu zu begegnen und festzustellen, dass ich von ihnen gemocht wurde, das tat meiner lädierten Männlichkeit sehr gut.*«[7]

Dem endgültigen Auseinandergehen einer Beziehung sind ja oft viele missglückte Versuche vorausgegangen, besser mit sich und dem anderen klarzukommen. Dies stellt das eigene Selbstwertgefühl sehr in Frage, wie aus dem zitierten Text deutlich wird. Jetzt, in der neuen Situation aber kann es sein, dass ich mich in den gleichen Bereichen und hinsichtlich der gleichen Kompetenzen mit einem Mal ganz anders und viel akzeptabler erlebe! Dies zu erfahren und zu erleben, auch das darf und soll ich mir gönnen! Es ist für viele Trennungs-Lädierte wie Balsam auf ihre wund gewordene Seele!

Manchmal wird das auch als eine Art, »*sich selber neu zu finden*«, erlebt. Eine Frau hat es nach ihrer Trennung symbolisch in einem Traum so erfahren: »*Ich muss von zu Hause weg, um jemanden zu treffen, der auf mich wartet. Ich laufe und laufe, und – da vorne steht sie, die Person, die auf mich wartet. Als ich bei ihr ankomme, stelle ich fest: Das bin ich selber!*«

4.3 Den eigenen Anteil am Scheitern der Beziehung sehen

Mir eingestehen, was mein Anteil war und ist

Der »neue Raum vor mir« und das neue Erleben meiner Person im Umgang mit Dingen und Menschen, vor allem auch denen des anderen Geschlechts, gibt mir eine gewisse Distanz zu dem, was war. Das heißt aber nicht, davor die Augen zu schließen. Im Gegenteil: Diese Distanz ist eine gute Voraussetzung für das, was jetzt sehr wichtig wird, wenn aus dem Abbruch ein neuer Aufbruch werden soll: Nochmals genau darauf zu schauen, was denn mein eigener Anteil am Auseinandergehen der Beziehung war, oder – im Fall der Trennung durch Tod – was denn meine »Macken« in der Beziehung zum verstorbenen Partner waren. Welche Verhaltensweisen, Begrenztheiten, eigenen Fehler sind auf mein Konto gegangen und haben sich negativ ausgewirkt?

Dabei geht es aber nicht um moralische Beurteilung oder gar Selbstverurteilung. Es geht vielmehr um die Frage: Wie haben wir unsere Konflikte miteinander und gegenseitig »konstelliert«, was hat wer, was habe vor allem ich selber dazu beigetragen, dass es schwierig, dass es untragbar geworden war? Es geht also darum, die *Konflikt-Dynamik dieser Beziehung zu verstehen*, natürlich mit dem Ziel, solche Dynamiken in zukünftigen Beziehungen wenn möglich nicht mehr aufkommen zu lassen oder gleich »den Anfängen zu wehren«.

Die Polaritäten der gescheiterten Beziehung erkennen

Für mich als Paartherapeut hat sich vor allem *ein* Hilfsmittel hervorragend bewährt, mit dem ich seither so vielen Paaren wie möglich Unterstützung zu geben versuche: Das sogenannte »*Polaritäten-Modell*« des Schweizer Paartherapeuten Christoph Thomann[8]. Dieses geht davon aus, wie wir in anderem Zusammenhang schon erwähnt haben (s.o. S. 43 ff), dass jeder von uns in einer verbindlichen Paarbeziehung vor allem die beiden grundlegendsten Bedürfnisse erfüllt haben möchte: Das Bedürfnis nach *sicherer Bindung* und das Bedürfnis nach *individueller Autonomie*, also Eigenständigkeit. Jeder möchte mit dem Partner innig verbunden sein, dabei aber nicht sich selber verlieren, sondern im Gegenteil erst richtig zu sich selber finden und er/sie selber sein.

Bindung und Autonomie stehen immer *in einer dynamischen Polarität* zueinander, und dynamisch heißt: Mal sucht der eine mehr Autonomie und der andere mehr Bindung, mal ist es umgekehrt; mal brauchen beide mehr Autonomie für sich, mal mehr Bindung zueinander. Man kann sich das vorstellen wie zwei Pole auf einem Kontinuum, mal nähern sie sich an, mal entfernen sie sich voneinander, und immer geht es darum, wieder in ein Gleichgewicht zu kommen, das aber nicht starr werden darf, sondern sich eher *in einer dynamischen Balance befindet*, also ein Gleichgewicht, das immer flexibel bleiben soll. Das bedeutet zum Beispiel: Einer der Partner, der ein starkes Bedürfnis nach Autonomie verspürt, nimmt sich einen Ausflugs-Tag für sich allein, der andere kümmert sich in dieser Zeit mehr um die Bindung, indem er das Kind versorgt und das Essen für den Abend vorbereitet, sodass das Paar dann auch wieder einen schönen Abend miteinander verbringen kann. Oder: Weil beide Partner ein Bedürfnis nach mehr Bindung zueinander spüren, wollen sie eine Zeit nur für sich zu zweit haben, und deshalb geben sie das Kind für ein Wochenende zur Oma und genießen die Zeit für sich allein als Paar.

Wichtig dabei ist – wie gesagt – immer die »Balance«. Sie wird gestört, wenn aus der Unterschiedlichkeit der Bedürfnisse nach Autonomie einerseits und nach Bindung andererseits ein Gegensatz, wenn *aus der Polarität eine Polarisierung* wird: Wenn der eine »nur noch« Autonomie für sich will und der andere »nur noch« die Bindung an den anderen und deshalb versucht, ihn in seinen Bestrebungen »nach draußen« zu hindern und ihn bei sich festzuhalten. Aus der Balance und in Polarisierung geraten Partner auch dann, wenn beide auf der Suche nach ihrer individuellen Autonomie nur noch auseinander streben und sich keine gemeinsamen Zeiten und Räume mehr sichern. Oder andererseits auch: Wenn beide nur noch die Bindung aneinander suchen, sozusagen aneinander »kleben«, sich aneinander klammern, und so jedwedes Eigenleben als Einzelperson verloren geht, also der »Autonomie-Pol« in weite Ferne entschwindet.

Wenn Partner sich getrennt haben, dann sind sie zweifellos in vielen Dingen des Alltags in immer unüberbrückbarere Gegensätze geraten, und die Gemeinsamkeiten wurden immer weniger. Aus ergänzenden Polaritäten sind gegensätzliche Polarisierungen geworden. Dabei zeigt sich immer wieder: Trotz vieler Möglichkeiten und Formen, wie dieser Wandel konkret gelebt wird, handelt es sich dabei in irgendeiner Form um einen »Polarisierungsprozess« zwischen dem Bedürfnis nach Bindung einerseits und dem Bedürfnis nach Autonomie andererseits.

So lautete die Einsicht eines Mannes, ich nenne ihn hier Rolf, der sich in einem solchen Polarisierungsprozess zwischen seinem Autonomiebedürfnis und dem Bindungsbedürfnis seiner Frau befunden hat, etwa folgendermaßen: *»Ich habe vor lauter Karriere im Kopf nur noch gearbeitet und war sehr viel weg. Die vielen Nähe-Wünsche von Ricarda ›konnte‹ ich deshalb immer weniger erfüllen, und wenn ich mal abends zu Hause war, wollte ich zwar Nähe, aber dann gleich mit Sex, und das ging ihr dann zu schnell.«*

Die Einsicht eines anderen Mannes, hier Siegmund genannt, der sich in einer andere Variante von »Polarisierung« zu seiner Frau Susanne befunden hat, hörte sich etwa so an: *»Es sollte alles nach meinem Kopf gehen. Die Ordnung im Haus, nicht nur in meinem Büro, sondern auch in der Küche und im Wohnzimmer, und der Tagesablauf der Kinder und am Wochenende die Unternehmungen der ganzen Familie: Alle wollte ich in meine Ordnungsvorstellungen einbinden. Das hat dann Rebellion gegeben, auch meine Frau hat sich dagegen immer mehr gewehrt…«* Hier übersteigerte also Siegmund sein Bedürfnis nach Bindung, das sich in seinem Versuch zeigte, alle auf seine Ordnungsvorstellungen zu verpflichten, während sich Susanne immer stärker – bis zum Trennungsentschluss! – dagegen wehrte, weil sie sich in ihrer Freiheit – also ihrer Autonomie – zu sehr eingeschränkt fühlte.

Beide Fälle stellen oft auftretende Varianten von Polarisierungsprozessen dar: Im Beispiel von Rolf und Ricarda sucht der Mann immer wieder Distanz (= Autonomie), die Frau vermisst immer mehr die Erfüllung ihres Bedürfnisses nach Nähe (= Bindung). Im zweiten Beispiel sucht Siegmund Bindung, aber in der Form, dass er Susanne und die Kinder in seine Ordnungsvorstellungen einzubinden versucht, was dazu führt, dass sie dagegen rebellieren, weil sie auch ihre Vorstellungen von Abwechslung und Freiheit, also ihre Autonomie, leben wollen.

Christoph Thomann stellt diese beiden Varianten des Autonomie-Bindungs-Prozesses schematisch folgendermaßen dar:

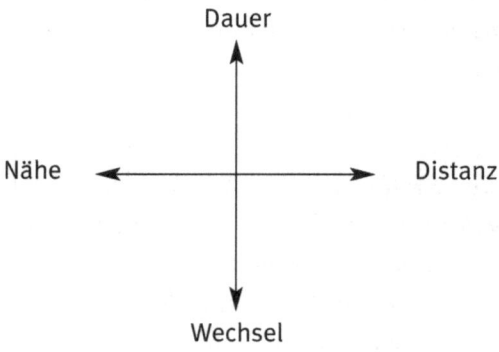

Abb.: Das Polaritäten-Modell nach Thomann[9]

Bei unseren beiden Beispielen wäre also der erstgenannte Polarisierungsprozess vor allem auf der Waagrechten »Nähe (Frau) – Distanz (Mann)« zu sehen, der zweite auf der Senkrechten »Dauer (Mann) – Wechsel (Frau)«. Dabei ist unter »Dauer« nicht nur das Bedürfnis nach zeitlicher Dauer zu verstehen, sondern auch das nach gleichbleibender Struktur und Ordnung, und unter »Wechsel« jede Art von Veränderungsbedürfnis und Flexibilität. Auf beiden Ebenen geht es um Variationen der Grundpolarität Autonomie – Bindung, die sich auch auf unterschiedliche Weise miteinander verbinden können. Ausführlichere Informationen zu Polarisierungsprozessen finden sich an anderer Stelle.[10] Hier soll diese knappe Ausführung genügen. Meine Erfahrung mit diesem Schema ist immer: es kann sehr hilfreich dabei sein, die eigene Polarisierungs-Tendenz und die dem Ex-Partner zugehörige deutlicher zu sehen.

In solchen Prozessen kommen gleichzeitig zwei Tatsachen zum Tragen, die zu sehen für eine konstruktive Einsicht in den eigenen Anteil an einer Trennung sehr hilfreich sind: Beide Partner haben einerseits jeweils *ein sehr wichtiges Bedürfnis* vertreten, und sie haben das anderseits aber *übersteigert* getan. Im ersten Fall der Mann das Bedürfnis nach Autonomie, die Frau das nach Bindung. Im zweiten Fall gerade umgekehrt: Da wollte der Mann Bindung, während die Frau mehr autonomen Spielraum für sich beanspruchte. Die Männer in unseren Beispielen haben also ein wichtiges Bedürfnis, das jeder Mensch hat, vertreten, haben dieses ihr Bedürfnis aber so ausschließlich und mit der Zeit *übersteigert* vertreten, dass die jeweiligen Partnerinnen ihrerseits die Erfüllung ihrer Bedürfnisse immer stärker betonten und so in unauflösliche Gegensätze zu den Männern gerieten, ja fast geraten *mussten.*

In etwa könnte eine Einsicht in den eigenen Anteil an einer Trennung so aussehen: »Ich sehe den Gegensatz, in dem wir uns gefangen hatten, ich sehe das Anliegen, das ich hier vertreten habe – und das ist im Kern auch nichts Schlechtes (Autonomie in dem ersten, Bindung in dem zweiten Fall). Aber ich habe mein Anliegen immer mehr gesteigert und damit von meiner Seite aus dazu beigetragen, dass unser Beziehungsproblem unlösbar geworden ist.« Das heißt natürlich nicht, wie es vielleicht in den beiden oben verkürzt geschilderten Fällen anklingen mag: »Ich bin – allein – schuld!«. Der Partner hat in dem Polarisierungsprozess in aller Regel auch seinen Anteil: Auch er übersteigert seine Reaktionen, um sein gegenteiliges Bedürfnis auch noch zur Geltung zu bringen, sodass es immer schwerer wird, dem anderen ein Stück weit entgegenzukommen, was nötig wäre, um einen endgültigen Bruch zu vermeiden. Bei keinem der Partner liegt die alleinige Schuld – jeder der beiden hat *seinen Anteil,* und den zu sehen ist wichtig, denn es kann gut sein, dass man sonst in der nächsten Beziehung genau in die gleiche Polarisierungsdynamik kommt und den neuen Partner damit wieder in einen zerstörerischen Gegensatz hineindrängt ...

Den Blick erweitern in die eigene Vergangenheit

Es ist keineswegs so, dass die Partner ihre Unterschiedlichkeit, ihre verschiedenen Tendenzen zu Autonomie/Eigenständigkeit einerseits und Bindung/Nähe andererseits von Anfang an als Gegensatz oder gar Konflikt erleben. In aller Regel ist genau das Gegenteil der Fall. Die Frau in unserem ersten oben geschilderten Fall bewunderte zum Beispiel sogar die Selbstständigkeit des Mannes, seine Autonomie, und er hatte vorher noch nie eine so beglückende Nähe erlebt wie mit ihr. In der frühen Zeit ihrer Beziehung haben beide gerade diese Gegensätze besonders genossen. Dass die beiden mit ihren unterschiedlichen Tendenzen dann immer mehr in Gegensatz gerieten, das kam erst nach und nach: Weil eben beide Seiten zu jedem Menschen gehören, beides, sowohl Bindung als auch Autonomie Grundbedürfnisse von beiden Partnern sind. Und die Frage, die sich hier erhebt, lautet: Warum war es nicht möglich, dass zum Beispiel auch der Mann mehr auf die Bindungsseite ging, sodass die Frau stärker ihre Autonomie hätte leben können – und umgekehrt? Die Ursache für diese Starrheit ist meist in der Vergangenheit, in den Herkunftsfamilien der Beteiligten zu finden.

Darum lohnt es sich in der Regel für denjenigen, der die Frage klären will, was sein Anteil an der Trennung gewesen ist, auch noch der Frage nachzugehen, inwiefern dieser Anteil *in seinen Wurzeln noch weiter in seine Vergangenheit zurückreicht, in seine Kindheit, in seine Herkunftsfamilie*. Die Paarbeziehung ist ja von allen Erwachsenenbeziehungen diejenige, die mich nach der Beziehung zu meinen Eltern am stärksten und existenziellsten betrifft. Kein Wunder also, dass ich die »Rolle«, die ich in meinem Elternhaus Vater und Mutter gegenüber eingenommen habe, ja einnehmen musste, auch in ihren problematischen Anteilen dem Partner, der Partnerin gegenüber »wiederhole«, sie sozusagen »nochmal spiele«. In der Fachsprache der Transaktionsanalyse wird in diesem Zusammenhang vom »Skript« gesprochen. In der Familie werden – wie in einem »Drehbuch« (= Skript) – Rollen zugeteilt, die jedes Kind zu »spielen« hat (z. B. »Mamas Liebling«, »Papas kleine Prinzessin« …). Je weniger Spielraum für eigenständiges Verhalten dem Kind gelassen wird, desto eher wird aus solchen »Zuschreibungen« eine Rolle, die auch im weiteren Leben gespielt wird.

So kann es sein, dass, Rolf, der Mann in unserem oben beschriebenen ersten Fall, als Kind zu Hause sehr unter dem Druck stand, immer der »Tüchtige« mit Spitzenleistungen in Ausbildung und Schule zu sein. Er hat gelernt, eigenständige Leistung zu bringen, und dafür wurde er mit der Zuwendung seiner Eltern »belohnt«. Mit seiner leistungsstarken Eigenständigkeit hat er zunächst seiner Frau imponiert, aber als die Kinder da waren, hätte sie von ihm auch noch anderes gebraucht: vor allem mehr persönliche Präsenz zu Hause und mehr liebevolles Verständnis für ihre Situation, mit einem Wort: mehr »Nähe«, mehr »Bindung« an sie von seiner Seite. Stattdessen geriet er aufgrund seiner Leistungsorientierung immer mehr unter den Druck, im Beruf »draußen« präsent zu sein, aber nicht mehr zu Hause bei seiner Frau und den Kindern.

Konstruktiv mit der Trennung umzugehen und effektiv für spätere Beziehungen zu lernen, heißt immer auch, solche Zusammenhänge zu erkennen. Ich lerne mich dadurch selber, auch »in der Tiefe«, mehr und mehr kennen: In mir ist immer noch das Kind lebendig, das ich einmal war, das auch ein verwundetes und verletztes Kind ist, und das seine Wunden nicht selten durch den Partner, die Partnerin und in der Paarbeziehung »heilen« wollte. Aber auch wenn ich mit meinem Partner gute Erfahrungen mache, die Wunden, die ich aus der Kindheit mitbringe, kann er nicht heilen. Mit diesem oft weitgehend unbewussten Wunsch überfordere ich ihn. Damit ich der Gefahr entgehe, nachfolgende Beziehungspartner nicht wieder in ähnlicher Weise zu überfordern, bleibt mir nur die Möglichkeit, selber anzufangen, mich »um mein inneres Kind zu kümmern«, selber liebe- und verständnisvoll mit ihm umzugehen, wenn es mit seinen inneren Wunden und Narben in Kontakt kommt. »Selbstfürsorge« nennt man das, und wenn ich die aus einer gescheiterten Beziehung lerne, dann habe ich viel Konstruktives für mein weiteres Leben gewonnen.

Was können wir uns unter »Selbstfürsorge« vorstellen? Ich greife wieder auf das Beispiel von Rolf zurück. Der »kleine Rolf« in ihm bestimmte immer noch sein Handeln. Sein Vorgesetzter wurde wieder so etwas wie sein Vater für ihn, der ihn antrieb und für den es nie genug sein konnte. Und so wurde der »kleine Rolf« zum ständigen Antreiber für den erwachsenen Rolf und bestimmte sein Handeln, um – endlich! – die vollständige Zuwendung des Vaters zu bekommen. Das spürte Rolf im Laufe unserer Gespräche immer deutlicher. Die Anleitung zur Selbstfürsorge lautete daraufhin etwa folgendermaßen: »*Wenn du das nächste Mal dazu neigst, am Abend wieder die Arbeitszeit zu überziehen, anstatt deine Sachen zu packen und nach Hause zu Ricarda zu gehen, dann sei dir bewusst: Das ist wahrscheinlich wieder der kleine Rolf in dir, der es perfekt machen ›muss‹, dann wende dich dem Kleinen in dir zu und sag zu ihm: Stopp! Was du jetzt machen willst, ist nicht nötig, du hast auch morgen noch Zeit, du schaffst das morgen noch gut, du brauchst dich jetzt nicht mehr unter Druck zu setzen! Du kannst dir den freien Abend wirklich leisten!«* Rolf übte das zu Hause, und so nahm er als der erwachsene Rolf dem Kleinen gegenüber eine positiv-väterliche Rolle ein, schützte ihn also vor dem antreibenden Verhalten seines Vaters und ermöglichte ihm so, sich von dessen übertriebenen Anforderungen allmählich zu befreien. Er lernte, sich selber mehr und mehr die Zuwendung zu geben, die sich der kleine Rolf in seiner Kindheit vom Vater so sehnlich gewünscht hatte. Und er begriff, dass dieses Verhalten sein ganzes weiteres Leben bestimmte und wesentlich zur Zerstörung seiner Ehe beigetragen hatte.

Sich helfen lassen

Bei dieser Auseinandersetzung mit dem eigenen Anteil an der Trennung kann es – so zeigt es das Beispiel – sehr wichtig sein, sich auch von anderen, von Experten, helfen zu lassen. Wenn Zusammenhänge dieser Art mit der eigenen Herkunftsfamilie deutlich werden oder auch, damit sie deutlich oder deutlicher werden, kann es sein, dass es mit ein paar Beratungsstunden nicht mehr getan ist, ich vielmehr den Schritt zu einer längerfristigen Psychotherapie machen muss. Es gibt kaum eine fruchtbarere Zeit dafür als die Zeit nach einer Trennung mit ihrer existenziellen Erschütterung, die sie wohl für jeden bedeutet. Diese öffnet das Herz, klärt den Blick für Zusammenhänge, die bisher verborgen waren, und öffnet mir so einen ganz neuen Zugang zu mir selber.

4.4 Ziel und Chance dabei

Eine bessere Beziehungsfähigkeit

Ich habe schon mehrmals auf die große Gefahr hingewiesen: Dass ich trotz aller guten Vorsätze nach einer Trennung die alten Muster in der nächsten Beziehung wiederhole, wieder in die gleichen Polarisierungen gerate, wieder das gleiche »Skriptmuster« vollziehe und den Partner wieder genau ins passende Gegen-Muster manövriere. Wir haben darüber gesprochen, wie diese Gefahr vermieden werden kann. Wenn wir es positiv ausdrücken, ist das Ziel all dieser Bemühungen, dass wir auf diesem Weg *eine bessere Beziehungsfähigkeit* entwickeln.

Und was bedeutet eine bessere Beziehungsfähigkeit? Ganz einfach ausgedrückt könnte man sagen: Bindungsfähiger werden, ohne die Autonomie zu verlieren, und autonomer werden, ohne dabei die Bindungsfähigkeit aufzugeben. Das Bedürfnis nach Bindung und das Bedürfnis nach Autonomie müssen beide ausreichend befriedigt werden. Diese beiden Grundbedürfnisse jedes Menschen werden in einer Beziehung immer in einer gewissen Spannung zueinander bleiben. Eine gute Balance entsteht nicht von selber, sie muss von den Partnern immer wieder gesucht und »austariert« werden. So heißt Beziehungsfähigkeit für den, der mehr die Bindung sucht, immer wieder auch die Seite der Autonomie zu leben und damit für sich zu »üben«, und für den, der mehr die Autonomie betont, sich immer wieder bewusst auch auf »Bindung« einzulassen. Das hilft nicht nur, zu einer guten Balance mit dem Partner zu kommen, es macht auch unsere eigene Persönlichkeit vollständiger und damit reifer: Der Nähe-Mensch lernt, Freude auch an der zeitweisen Distanz vom anderen zu finden, und umgekehrt. Und der Dauer-Mensch lernt, flexibler zu werden und sich mehr auf Veränderung einzulassen, und ebenfalls umgekehrt. Mit einem Wort: Der autonome wird bindungsfähiger und der Bindungs-Mensch wird autonomer.

Mein Trennungsanteil bleibt mein Thema

Bei allem Bemühen und auch bei allen Chancen, durch die geschilderten Erfahrungen eine bessere Beziehungsfähigkeit zu entwickeln, bleibt allerdings eines bestehen: Ich werde nicht einfach ein anderer werden. Das heißt: Mein Trennungsanteil bleibt mein Anteil und darum auch in Zukunft immer wieder »mein Thema«. Konkret und an einem weiteren kleinen Beispiel erläutert: Michael hatte erkannt, worin sein Anteil daran bestand, dass seine Frau Manuela sich nach über 25 Ehejahren von ihm getrennt hatte: Dass er sich nämlich nach seinem Ausscheiden aus dem Beruf zu Hause förmlich an ihre Kittelschürze gehängt hatte. Hier brach das in ihm auf, was er in den Jahren davor, wie so viele seiner Geschlechtsgenossen, verdrängt hatte: sein Bedürfnis nach Bindung! Und Manuela wiederum hatte in dieser Zeit gelernt, auch mit sich allein zurechtzukommen und ihr Bindungs- und Kontaktbedürfnis mit ihren Freundinnen zu pflegen. So erlebte sie das plötzlich so intensive Kontaktbedürfnis von Michael als Überforderung und sah keine andere Lösung, als sich von ihm zu trennen. Das verstand Michael nun, und er konnte auch deutlich erkennen, dass sich in seinem plötzlich aufbrechenden Nähebedürfnis eine in seiner Kindheit unerfüllte Sehnsucht nach der Liebe seiner Mutter Bahn gebrochen hatte. Diese Erkenntnisse waren zweifellos sehr wichtig. Aber er tat sehr gut daran, dass er nicht meinte, damit allen Gefahren für die Zukunft entronnen zu sein. Er war sich der Zusammenhänge sehr deutlich bewusst, und spürte in einer sich anbahnenden neuen Liebesbeziehung, dass große Vorsicht geboten war: Auch hier merkte er bald, dass diese Sehnsucht nach der Nähe zur Mutter wieder intensiv in ihm aufbrach, und die Gefahr bestand, wieder *in genau das gleiche Muster* von »zu viel Nähe wollen« hineinzugeraten und die neue Beziehung damit zu gefährden.

Genauso wichtig war es übrigens für ihn, dass er nicht meinte, er würde dem Muster entkommen, wenn er in Zukunft größere Nähe und festere Bindung überhaupt vermeiden und stattdessen in Beziehungen immer wieder betont auf Distanz gehen würde: Dann würde er nämlich lediglich in die *gegenteilige Polarisierung* geraten – und die ist ja keine wirkliche Alternative, sondern nur »der andere Straßengraben«.

Die Empfehlung zu diesem Abschnitt lautet also: Mein Anteil an der Trennung bleibt mein Anteil. Und deshalb ist in jeder neuen Beziehung in Bezug darauf hohe Achtsamkeit am Platz.

4.5 Neue Beziehungen

Ja, aber ...!

Es wird jetzt auch sinnvoll und angemessen, sich allmählich wieder auf Beziehungen zu Vertretern des anderen Geschlechts einzulassen, allerdings mit Vorsicht! Es ist jetzt ähnlich, wie es in der Phase des jungen Erwachsenen-Altes war: Es braucht Raum zum »Experimentieren«, allerdings zu einem Experimentieren mit großer Achtsamkeit – wie es dem im Vergleich zum jungen Erwachsenen-Alter vorgerückten Alter des Betroffenen entspricht und angesichts der neuen Wunden, die hier geschlagen werden können, angemessen ist.

Dabei hat sich in meinem eigenen Leben und auch im Leben vieler anderer ein Grundsatz sehr bewährt, den ich in die Formel bringe: *»Nicht zu früh zu nah zusammen!«* Das heißt: Es ist zwar durchaus angemessen, Anwandlungen von Resignation – »Es geht ohnehin wieder schief!« oder Ähnliches – zu überwinden und den Mut aufzubringen, sich für neue Beziehungen zu öffnen. Aber man sollte dabei »den anderen Straßengraben« vermeiden, nämlich zu schnell eine neue Verbindlichkeit herzustellen, indem man schon kurz nach der Trennung eine neu entstandene Beziehung definitiv macht, mit der »neuen Liebe« gleich zusammenzieht und sich so de facto als neues Paar definiert. Man sollte sich vielmehr Zeit nehmen und sich Zeit lassen: Für gemeinsame persönliche Gespräche mit dieser Frau, mit diesem Mann, für gemeinsame Unternehmungen, auch für vorsichtigen Austausch von Zärtlichkeiten, wenn es für beide so stimmt. Dies dient nicht nur der Klärung der neuen Beziehung, also wofür sie taugt und wofür sie vielleicht nicht oder noch nicht geeignet ist, es dient vor allem auch der Konsolidierung der eigenen jetzigen, der neuen Familien-Situation, die zunächst Vorrang hat.

Für die Getrennten muss sich ja erst eine ganz neue Art zu leben einspielen. Diejenigen, die mit den Kindern zusammenbleiben – meist sind dies ja in unserer Gesellschaft nach wie vor die Frauen – sind jetzt »alleinerziehend« – jedenfalls im gewöhnlichen Alltag. Daran müssen sich beide Elternteile und auch die Kinder erst gewöhnen. Und wenn der getrennt lebende Elternteil – in der Mehrzahl sind das die Männer – seine Kinder besucht oder die Kinder ihn besuchen, schafft das ebenfalls eine bisher ganz neue und unbekannte Situation, an die sich alle erst allmählich gewöhnen müssen. Das birgt natürlich Konfliktpotential, und es braucht Zeit, bis es klappt und ein gewohnter Ablauf wird.

Zieht der neue Freund, die neue Freundin gleich zum frisch Getrennten bzw. zur frisch Getrennten, wird alles noch erheblich komplexer, als es ohnehin schon ist, und

Missverständnisse, Verletzungen, Enttäuschungen sind vorprogrammiert: Die Kinder erleben den/die Neue/n sehr oft als »Eindringling«, der aus ihrer Sicht hier nichts zu suchen hat. Der/die Neue fühlt sich abgelehnt, oft auch vom Freund/von der Freundin selbst verlassen, wenn diese/r zum Beispiel Partei für die Kinder ergreift, um Missverständnisse aufzuklären.

Auch für die/den Getrennte/n ist es oft eine zusätzliche Verletzung, wenn der neue Freund, die neue Freundin so früh schon zum Ex-Partner, zur Ex-Partnerin zieht, weil es natürlich sehr nahe liegt, ihm/ihr die Schuld dafür zuzuschreiben, dass es überhaupt zur Trennung gekommen ist. Und jetzt soll er/sie gleich akzeptieren, dass diese/r »an der ganzen Misere Schuldige« so intensiv mit den Kindern zu tun bekommt. Auch aus diesem Grund kann das zu frühe Zusammenziehen der neuen Partner für die Neuorganisation der jetzt getrennt Lebenden eine erhebliche Schwierigkeit werden.

Das Gesagte gilt auch dann, wenn die »neue« Beziehung bereits eine »alte« ist, weil es sich dabei um die Person handelt, zu der der jetzt Getrennte schon in der Zeit der bestehenden Ehe eine Liebesbeziehung unterhalten hat. Dies nicht nur deshalb, weil dieser Mann, diese Frau für die Kinder und den getrennten Partner eben doch »neu« ist, sondern auch deshalb, weil sich die Gesamtsituation im Vergleich zur Zeit der noch bestehenden Ehe vollständig geändert hat. Damit verändert sich auch die Eigenart der Beziehung, die vorher eine Außenbeziehung war, sehr stark.

Der Grund dafür ist folgender: Als die Ehe noch bestand, wurde die Außenbeziehung meist in einem abgeschlossenen, meist geheim gehaltenen Raum gelebt, und es gab in diesem Raum nur diese beiden Verliebten. Um es an dem häufigen und in vielen Variationen vorkommenden »Standard-Beispiel« des untreuen Ehemannes, der sich trennt, zu erläutern: Früher gab es für die Stunden des Zusammenseins ihn und seine geheime Geliebte. Wenn aber unmittelbar nach der Trennung aus der geheimen Geliebten die neue, »offizielle« Partnerin des Mannes wird, ist der früher ausgegrenzte Raum der beiden mit einem Mal verschwunden, und beider individuelles Umfeld beginnt nun, auf den jeweils anderen zu reagieren und damit einzuwirken. Die Sorgen des Alltags, die früher aus dem Zusammensein der beiden meist strikt ausgegrenzt blieben, treffen jetzt aufeinander und betreffen *beide*: Was es mit Kindern und Ex-Frau des Mannes zu regeln gibt, wie die Umwelt, die Eltern, die Verwandten der beiden die neue Situation beurteilen, zum Beispiel dass sie gar nicht damit einverstanden sind, wie die beiden die Aufgaben im täglichen Ablauf, also die jeweiligen »Rollen« im Alltag, untereinander verteilen und vieles, vieles mehr: Das alles gab es vorher kaum, es ist nicht eingespielt, nicht gewohnt, es muss alles neu geregelt werden. Da ist es nicht unwahrscheinlich, sondern eher zu erwarten, dass es einige böse Überraschungen für beide gibt: Im Alltag sind sie doch erheblich anders als in den rauschenden Liebesnächten.

Wenn sich die beiden als Paar, das sich in der neuen Situation erst neu finden muss, nicht die nötige Zeit geben, sondern sich gleich nach der Trennung der früheren Ehe als das neue Paar deklarieren, ist also zu erwarten, dass dieses sehr bald in erhebliche Krisen gerät, die nicht selten auch in einer Trennung enden, die dann natürlich sehr schmerzhaft sein kann: In der Zeit der Nebenbeziehung erschien diese ja oft als das Glück, als das Paradies schlechthin. Man darf nicht unterschätzen, welchen Einfluss auf die betreffenden Personen, ihr Verhalten und ihre Einstellungen diese unterschiedlichen Lebenssituationen haben! Eine intensive Liebesbeziehung, im Verborgenen gelebt, muss noch lang keine gute Alltagsbeziehung sein!

Ein Beispiel dafür: Friedrich und Annabel

Darum der Grundsatz vor allem für diese komplexe Situation: *Nicht zu früh zu nah zusammen.* Wie das gehen kann, wurde mir an einem Beispiel sehr deutlich, das ich vor einiger Zeit miterleben konnte. Ich möchte dieses Beispiel hier etwas ausführlicher schildern, weil an ihm so klar wird, wie es auch auf eine gute Weise gehen kann. Friedrich, Mitte vierzig, lebte schon seit ein paar Jahren allein, da seine Frau sich von ihm getrennt hatte. In einem Hobby-Malkurs lernte er die etwa gleichaltrige Annabel kennen. Die beiden waren sich gleich sehr sympathisch, aber Friedrich hielt Distanz, weil er wusste, dass Annabel verheiratet war und zwei Buben im Pubertätsalter hatte. Dies änderte sich, als Annabel Friedrich ihren Entschluss eröffnete, dass sie sich trennen und in nächster Zeit mit den Kindern in eine eigene Wohnung ziehen wolle.

Nun war für beide der Weg zueinander frei. Sie ließen sich auch gleich stärker aufeinander ein, auch körperlich, aber sie vermieden vorerst, die Möglichkeit eines gemeinsamen Lebens ins Auge zu fassen. Dies hätte zwar beider Sehnsucht entsprochen, aber sie wollten vor allem die Kinder Annabels nicht überfordern, denn die wollten unbedingt bei der Mutter bleiben und konnten sich vorerst nicht vorstellen, bei ihrem Vater zu leben. Friedrich achtete sehr darauf, den Kindern ihre Welt mit ihrer Mutter zu lassen. Das heißt, wenn die Kinder da waren, besuchte er Annabel immer nur kurz – zum Kaffee oder zum Abendessen – und verabschiedete sich dann wieder. Die Kinder, besonders der Ältere, verhielten sich trotzdem ihm gegenüber recht abweisend. Aber Friedrich nahm ihnen das nicht übel. Er war sich darüber im Klaren, dass er für die beiden der »Eindringling« war und darüber hinaus in ihren Augen auch die Ursache der Trennung der Eltern – was gar nicht den Tatsachen entsprach, aber für die Kinder nicht anders vorstellbar war. Friedrich hielt sich zurück und versuchte lediglich, in den kurzen Zeiten des Zusammenseins freundlich und interessiert auf die Jungs einzugehen – was mitunter auch ganz gut und auf die Dauer immer besser gelang.

Wenn hingegen die beiden Söhne beim Vater waren, was regelmäßig geschah, nutzte das neue Paar dies für ausgiebige gemeinsame Zeit: Entweder bei ihr zu Hause oder bei ihm. Da war Zeit nicht nur für Zärtlichkeit, sondern auch für ausführlichen Austausch und intensive Gespräche über sich, ihre Beziehung, ihre Vergangenheit und eine mögliche gemeinsame Zukunft. Annabel vollzog in dieser Zeit die Scheidung vom Vater der Buben. Die Beziehung des neuen Paares intensivierte sich dadurch noch weiter, und so merkten die beiden eines Tages, dass sie heiraten wollten. Das entsprach ihrem Gefühl der Verbindlichkeit, das beide immer stärker miteinander erlebten, und darum machten sie das auch.

Aber auch das war noch immer kein Grund für die beiden, zusammenzuziehen, obwohl Friedrich inzwischen Besitzer einer neuen und viel geräumigeren Wohnung war und Annabel auch sehr gern mit ihm zusammen gelebt hätte. Aber die beiden waren sich einig: Für die Gesamtsituation war das Getrennt-Leben der beiden noch immer besser. Die Kinder sollten vorerst noch bei der Mutter leben können und sich durch ihre parallelen Kontakte zum Vater noch in der »alten« Familie fühlen dürfen, ohne den »Neuen« in ihrem unmittelbaren Lebensumkreis. Außerdem war beiden Neuvermählten deutlich: Ein Leben Friedrichs unter einem Dach mit den Buben wäre nicht gutgegangen. Nicht nur von Seiten der Kinder. Auch Friedrich spürte deutlich: Von heute auf morgen so nah und auch im Alltag mit den beiden Jungs zusammen zu sein, mit ihrem nicht sehr ausgeprägten Sinn für Ordnung im Alltag konfrontiert zu sein und ihren manchmal heftigen Versuchen, ihre »Selbstständigkeit« auszuprobieren, dazu fehlte ihm die von klein auf gewachsene Beziehung zu den beiden. Darum hielten die beiden Erwachsenen die aufrechterhaltene räumliche Distanz Friedrichs zu den Jungs für die bessere Lösung. Sie lebten in der nächsten Zeit nach dem Motto »Living apart together«, »Getrennt zusammen leben«, wie die Amerikaner dieses »Paar-Modell« nennen. Trotz manch unerfüllter Nähewünsche ging das trotzdem sehr gut, auch für ihre eigene Beziehung: Die Zeiten, die sie ohne die Kinder miteinander verbrachten, wurden dadurch besonders intensiv und erfüllend erlebt.

Erst als die Situation der Kinder sich veränderte, vollzogen die beiden den nächsten Schritt. Der ältere der beiden Söhne hatte seine Ausbildung abgeschlossen und zog in eine andere Stadt, weil er dort eine Stelle gefunden hatte, die ihm sehr zusagte. Und zu eben diesem Zeitpunkt spürte der Jüngere bei sich den Wunsch, zum Vater zu ziehen und äußerte diesen auch sehr bestimmt. Der Vater war freudig einverstanden, und nun war es für Annabel keine Frage mehr, ihre Wohnung aufzulösen und zu Friedrich zu ziehen. Ihre Kinder kamen zwar jetzt nicht mehr zu ihr »nach Hause«, sondern »zu Besuch«, aber das ging gut, denn Friedrich hielt sich weiter zurück, wenn sie da waren, und es gelang ihm immer besser, eine Art »älterer Freund« für die Buben zu werden, dessen Kommentare zu den Erlebnissen, von denen sie berichteten, sie immer bereiter wurden, anzuhören und zu bedenken.

In der Rückschau sagen Friedrich und Annabel darum: *»Es war gut, dass wir so lange nicht zusammengezogen sind, selbst dann noch nicht, als wir schon geheiratet hatten!«* Konflikte zwischen Friedrich und den Jungs, die in Patch-Work-Familien die Atmosphäre oft so vergiften, wurden dadurch vermieden. Friedrich und der leibliche Vater der Kinder kamen dadurch auch nie in Konflikt miteinander, und Annabel geriet nur selten »zwischen die Fronten«, weil Auseinandersetzungen zwischen den Buben und Friedrich sehr selten waren. Das Paar hatte überdies durch dieses Arrangement Zeit und Raum, seine Beziehung zu pflegen und zu festigen, und den Söhnen blieb die »alte« Familie erhalten, denn sie kamen so nie in Konflikt mit der neuen Konstellation. Der Grundsatz »Nicht zu früh zu nah zusammen!« hatte sich hier sehr bewährt!

4.6 Fazit

Wenn Betroffene die gängigen Fehler im Zusammenhang mit Trennungen, wie ich sie in Kapitel 3 dargelegt haben, vermeiden, kann also der große Verlust, den die Trennung für beide bedeutet, *verwandelt werden in einen großen Gewinn.* Dies gilt für den Partner nach dem Tod des anderen in der gleichen Weise: Ein neuer Raum tut sich vor ihnen auf, sie entdecken neue Möglichkeiten für sich und neue Potentiale in sich, sie verstehen den eigenen Anteil an Schwierigkeiten in ihrer vorherigen Beziehung besser, erkennen damit auch die von ihnen selbst produzierten Risiken in nahen Beziehungen überhaupt und erhöhen damit die Chance, diese in Zukunft zu vermeiden. Schließlich eröffnet sich ihnen in der Auseinandersetzung mit ihren eigenen Anteilen an der Trennung die Chance, ihr eigenes »Lebens-Skript« deutlicher zu erkennen, dessen Grundelemente bis in die Kindheit zurückreichen. So kann also aus dem Abbruch ein neuer Aufbruch werden, ein Aufbruch mit gestärkter, weil gereifter Beziehungsfähigkeit in eine neue, glücklichere Zukunft.

5. Kapitel

_____

Die Kinder und ihre getrennten Eltern

Wenn Partner sich trennen, die gemeinsame Kinder haben, spielen diese in dem ganzen Prozess natürlich auch immer eine wichtige Rolle. Oft zögern sie jahrelang mit dem Schritt der Trennung, um den Kindern diese Erfahrung, wenn möglich, zu ersparen. Und wenn sie sich dann doch dazu entschlossen haben, quält sie oft und heftig das schlechte Gewissen: »Was haben wir, was habe ich den Kindern damit nur angetan?«

Zweifellos ist es für Kinder wünschenswert und am schönsten, wenn sich ihre Eltern als Paar lieben und sie in einer stabilen und vollständigen Familie aufwachsen, und zweifellos sind sie von der Trennung der Eltern tief betroffen – was allerdings nicht heißt, wie wir noch ausführen werden, dass sie dadurch auf jeden Fall einen Schaden fürs Leben davontragen müssten. *Wie es für die Kinder läuft und wie es sich auf sie auswirkt, das hängt nämlich ganz wesentlich davon ab, wie die Eltern ihre Trennung vollziehen.* Darum gehört zum Thema »Trennungsbewältigung« unbedingt auch die Fragen: Wie mit den Kindern umgehen? Wie Eltern-Sein und Getrenntes-Paar-Sein miteinander in Einklang bringen?

Gute Lösungen für diese Fragen spielen im Trennungsprozess neben den bisher besprochenen Maßnahmen ebenfalls eine zentrale Rolle, um allen Beteiligten das Tor in eine neue und positive Zukunft zu eröffnen. Darum steht diese Frage im Mittelpunkt des fünften Kapitels: *Wie können Elternschaft und Trennung gut in Einklang gebracht werden?*

5.1 Paar-Ebene und Eltern-Ebene

Eine Frau und ein Mann, die sich zusammentun, weil sie einander lieben, sind zunächst ein *Liebespaar*. Wenn sie sich entscheiden, miteinander ein Kind oder mehrere Kinder zu haben, werden sie darüber hinaus zu einem *Elternpaar*. Obwohl es sich um dieselben Personen handelt, *gehören die beiden also nun gleichzeitig zwei verschiedenen sozialen Systemen an*: Sie sind ein Liebespaar, und sie sind ein in der Liebe zu den Kindern verbundenes Elternpaar. Als Liebespaar stehen sie gleichsam einander gegenüber, schauen sich an und schenken sich gegenseitig ihre Liebe. Als Eltern schauen sie miteinander auf das Kind und schenken diesem ihre Liebe. Das macht den zentralen Unterschied dieser beiden Ebenen aus, der Paar-Ebene und der Eltern-Ebene.

Natürlich sind die beiden Ebenen eng miteinander verbunden: Aus der Liebe des Paares ist ja häufig der Wunsch entstanden, miteinander das Kind zu haben. Und die gemeinsame Liebe zum Kind kann auch die Liebe der Partner zueinander vertiefen und bereichern. Aber beide Ebenen sind trotzdem im Grunde sehr verschieden. Das wird – was wir heutzutage oft erleben – daran deutlich, dass Partner sehr verantwortliche und liebevolle Eltern für ihre Kinder sein können, sich aber auf der Paar-Ebene trotzdem immer mehr voneinander entfernen, ja verlieren: weil sie so viel zu tun haben, weil es so viel zu arbeiten gibt – Aufbau der Existenz, Sorge für die Kinder, berufliches Engagement – dass ihnen für die Pflege ihrer Liebe

111

als Paar »keine Zeit mehr bleibt«. Eine Liebe aber, der man keine Zeit mehr widmet, eine Liebe, die man nicht pflegt, wird schwächer und schwächer, und es besteht die Gefahr, dass sie sich schließlich ganz verabschiedet.

Freilich beginnt sich dann in aller Regel in einer solch liebe-leeren Ehe Unzufriedenheit auszubreiten. Denn noch zu keiner anderen Zeit haben Eheleute auf die lebendige Liebe als Paar so großen Wert gelegt wie heute. Und so kommt es, wenn diese nicht mehr zu beleben ist, im Vergleich zu früheren Zeiten erheblich häufiger zu Trennungen – auch bei gemeinsamer Elternschaft, auch wenn die Kinder noch recht klein sind und beide Eltern noch dringend brauchen. Statistiken zeigen, dass der erste Scheidungshöhepunkt nach vierjähriger Ehe erreicht wird!

So erhebt sich hier, wenn es zu einer solchen Trennung kommt, die zentrale Frage: Wie gehen Paare mit dieser Situation gut um? Wie gehen sie so damit um, dass sie ihrer Elternschaft gerecht werden, die ja trotz der Trennung als Paar bestehen bleibt? Darauf gibt es nur die eine Antwort: Indem sie im Prozess der Trennung und danach immer wieder sorgfältig und klar Paar-Ebene und Eltern-Ebene voneinander unterscheiden lernen, und das heißt im Fall des getrennten Paares: Uns *als Paar* gibt es nicht mehr. Wir *als Eltern* aber bleiben die Eltern dieser Kinder. Das heißt: Die Situation muss so gestaltet werden, dass die Eltern-Ebene von beiden gelebt werden kann, auch wenn es die Paar-Ebene nicht mehr gibt. Das hört sich leichter an, als es im konkreten Fall oft ist.

Denn beim sich trennenden oder getrennten Paar ist die Vermischung beider Ebenen eine große Gefahr: Die nicht bereinigten Konflikte auf der Paar-Ebene vermischen sich sehr leicht mit der Eltern-Ebene und erschweren damit eine gute Regelung in erheblichem Maß. Verletzungen von früher sind noch gegenwärtig, im Trennungsprozess hat es neue Verletzungen gegeben – die Herzen und Seelen der beiden sind noch wund davon: Rachegefühle und Wiedergutmachungs-Forderungen melden sich in ihnen. So liegt es nahe, empfundene Verletzungen auf der Paar-Ebene auf der Eltern-Ebene ausgleichen zu wollen: Indem man ein gemeinsames Sorgerecht zu verhindern sucht, indem man faire Regelungen bezüglich des Aufenthaltsrechts der Kinder erschwert, indem einer die Kinder nicht zum anderen lässt, oder indem man vor den Kindern jedenfalls schlecht über den anderen redet, womöglich auch die Kinder noch zu »Zwischenträgern« macht, weil man Kontakt zum anderen vermeiden will, und noch vieles mehr.

Sich von Regungen zu solchem Verhalten nicht oder nicht mehr steuern zu lassen, ist keineswegs einfach. Es wäre ja der nachvollziehbare Versuch, einen »Ausgleich« für das vom anderen Erlittene zu schaffen – was allerdings illusorisch ist, aber doch auch nahe liegt. Es ist aber nicht nur illusorisch (wir werden das im nächsten Kapitel noch genauer sehen), sondern auch schädlich: schädlich vor allem für die Kinder, die mit den Konflikten der Erwachsenen ja nichts zu tun haben, und auf deren Rücken nun der Konflikt ausgetragen wird.

Was heißt das nun konkret: Die Eltern-Ebene nicht mit den Konflikten der Paar-Ebene zu vermischen, sondern sie im Interesse und zum Wohl der Kinder neu auszuhandeln und zu regeln?

5.2 Äußere Regelungen für die neue Familiensituation

Zunächst geht es dabei um das *Aushandeln der Regelungen* für das weitere Leben nach der Trennung sowohl *für die Kinder, als auch für die Eltern,* die jetzt ja kein Paar mehr sind.

Sorgerecht

Wer soll für die Kinder weiterhin zuständig sein? Hier hat es sich in den letzten Jahren mehr und mehr eingebürgert, dass beiden Eltern mit deren Einverständnis trotz der Trennung *ein gemeinsames Sorgerecht* zugesprochen wird. Im Interesse einer klaren Unterscheidung von Paar- und Eltern-Ebene ist das auch der richtige Weg. Die nachgetragenen Verletzungen aus der Paar-Zeit wurden häufig so ausgetragen, dass einem vom anderen der Zugang zu den Kindern verwehrt wurde, indem dieser um das alleinige Sorgerecht kämpfte. Das hat sich in der Zwischenzeit geändert, obwohl es natürlich immer noch vorkommt. Und natürlich kann es auch wirklich Gründe geben, dass einem Elternteil das Sorgerecht abgesprochen wird, wenn er tatsächlich nicht imstande ist, sich um die Kinder gut zu kümmern, ja vielleicht sogar eine Gefahr für sie darstellt. Wenn dieser Verdacht aufkommt, muss er aber sehr sorgfältig geprüft werden. Denn oft bewirken Hass und Ärger auf den oder die »Ex«, dass mit abenteuerlichen Verzerrungen der Realität die Fähigkeit, für das Kind Sorge zu tragen, abgesprochen wird.

Wenn auch nach der Trennung beide ein gemeinsames Sorgerecht haben, heißt das freilich noch lange nicht, dass von den getrennten Eltern auch danach gehandelt wird. Im Alltag kann der, bei dem die Kinder wohnen, den anderen de facto immer noch ausschließen, indem er anstehende Entscheidungen, die sie betreffen, nicht mit ihm bespricht, sie allein fällt und dergleichen mehr. Gemeinsames Sorgerecht bedeutet: Beide *sorgen* weiterhin für die Kinder, und das heißt, dass sie immer wieder in Erziehungsfragen, Gesundheitsfragen, Schulfragen usw. Kontakt haben müssen miteinander, dass sie entsprechende Entscheidungen gemeinsam fällen und diese gemeinsam tragen.

Wenn man auf der Paar-Ebene nicht einigermaßen ausgesöhnt ist, was zu einem so frühen Zeitpunkt noch sehr unwahrscheinlich ist, erfordert das eine große Reife von beiden Erwachsenen. Sie müssen imstande sein, ihre noch nachklingenden Konflikte und Turbulenzen der Paar-Ebene zurückzustellen und »draußen« zu lassen! Sie müssen den anderen wirklich als Vater/Mutter des Kindes anerkennen und seine/ihre wechselseitige Beziehung zum Kind und die des Kindes zu ihm/ihr zulassen. Das heißt: Sie müssen das Wohl des Kindes und das Recht des anderen Elternteils im Auge haben und dürfen es nicht zudecken mit ihren Ressentiments und nachwirkenden Kränkungen der Paar-Ebene. Immer wieder müssen sie sich sagen: Eltern-Sein und Paar-Sein sind zwei verschiedene Dinge: »*Der Mann, der mich schmählich verlassen hat, war, ist und bleibt Vater dieser Kinder …*«. »*Die Frau, die mich so schlimm im Stich gelassen hat, ist die Mutter der Kinder!*«

Indem sich Betroffene solches immer wieder klar machen, helfen sie sich, die beiden Ebenen zu unterscheiden und die Kinder nicht in ihre noch weiter bestehende Paarkonflikte hineinzuziehen. Das entlastet diese natürlich sehr, denn Kinder wollen beide Eltern haben, ob sie nun auch als Paar weiter zusammenleben oder auch getrennte Wege gehen.

Eine Ausnahme davon muss es natürlich geben, wenn das Leben mit oder der Kontakt zu einem der beiden Elternteile dem Kind tatsächlich schweren Schaden zufügen könnte. In diesem Fall müssen natürlich die Gerichte, Sozialämter, psychologische Gutachter eingeschaltet werden, die sich ein unabhängiges Urteil bilden, nach dem das Gericht dann die richtige Entscheidung trifft. Aber dabei ist immer zu beachten: Dem gekränkten Partner erscheint aus seiner Kränkung heraus der/die »Ex« oft sehr viel schädlicher für die Kinder als er/sie es tatsächlich ist!

Die Frage, bei wem die Kinder im Alltag leben werden, muss ebenfalls im Scheidungsprozess entschieden werden. Es spricht einiges dafür, wenn sie nicht mehr sehr klein sind, sie in ihrer gewohnten Umgebung und in der Nähe ihrer Kameraden und Freunde zu lassen, sodass der Elternteil, der vom ehemals gemeinsamen Wohnbereich wegzieht, derjenige wird, der die Kinder besucht bzw. im häufigeren Fall, den die Kinder besuchen.

Es gibt allerdings in der heutigen Zeit auch andere Versuche, den beidseitigen Umgang mit den Kindern zu regeln, zum Beispiel *das sogenannte »Nest-Modell«*, bei dem das Kind in der bisherigen Wohnung bleibt und die Eltern sich abwechselnd in dieser Wohnung um das Kind bzw. die Kinder kümmern. Die Erfahrungen damit sind meist gut, viele können sich aber dieses Modell nicht leisten, weil jeder der Partner dafür zusätzlich eine Wohnung braucht, in der er wohnt, wenn der andere bei den Kindern in der »Familien-Wohnung« lebt.

Eine weitere Möglichkeit, das Umgangsrecht zu leben, besteht im sogenannten »Wechselmodell«, das meist so verstanden wird, dass die Kinder einen Teil der Zeit, zum Beispiel die halbe Woche bei der Mutter und die andere Hälfte beim Vater wohnen. Hier ist allerdings darauf zu achten, ob den Kindern der meist ziemlich rasch geplante Wechsel zwischen Vater-Wohnung und Mutter-Wohnung bekommt, ob sie sich bei beiden Eltern »zu Hause« fühlen können, oder ob sich im raschen Hin und Her bei ihnen gar kein »Zu-Hause-Gefühl« mehr entwickelt, was sicher eine Gefahr ist.

Aus diesen Gründen vermute ich, dass das am häufigsten praktizierte Modell dasjenige bleibt, bei dem ein Elternteil mit den Kindern zusammen bleibt und der andere in eine eigene Wohnung zieht, von wo aus er die Kinder besuchen kann und wo ihn die Kinder besuchen können. Im Interesse der Kinder sollte dabei darauf geachtet werden, dass diese Wohnung nicht zu weit weg liegt, damit die übermäßige Entfernung nicht zu einem großen Hindernis für den regelmäßigen Kontakt der Kinder zu diesem Elternteil wird.

Ganz allgemein hat sich hier die Regel bewährt: *»Regelmäßigkeit ist wichtiger als Häufigkeit«*. Das heißt: Wenn der Kontakt der Kinder zum außerhalb lebenden Elternteil in konstanter Regelmäßigkeit stattfindet und die Kinder dann bei ihm auch eine ausreichende Zeit verbringen können, ist das für sie wichtiger und besser, als ständig, zum Beispiel jede Woche, für kurze Zeit hin und her zu wechseln, was unter Umständen zu viel Unruhe in ihr Leben bringt.

In jedem Fall steht fest: Die Kinder brauchen, damit sie gut aufwachsen können, *zu beiden Eltern konkreten und direkten Kontakt.* Welche konkrete Lösung man in ihrem Interesse findet, wird von Fall zu Fall unterschiedlich sein. Auf eines aber sollte geachtet werden: In den letzten Jahren war eine starke Tendenz festzustellen, die nichtleibliche, »soziale« Elternschaft im Vergleich zur leiblichen überzubewerten. Zum Beispiel wurde der neue Mann der Mutter, der mit im gleichen Haushalt lebte, oft als wichtiger eingeschätzt als der leibliche Vater, der getrennt lebte. In neuester Zeit wird aber wieder mehr bewusst: *Die leibliche Elternschaft hat für die Identitätsfindung der Kinder eine zentrale Bedeutung.* Der neue Partner der Mutter, wenn er den Kindern ein liebevoll zugewandter Mann ist, kann für diese sehr wichtig sein und ihnen viele gute Erfahrungen vermitteln. *Er kann aber den leiblichen Vater nicht voll ersetzen.* Das Kind braucht Kontakt zu diesem, um seine eigene Identität zu festigen. Mindestens braucht es, wenn sich dieser Kontakt nicht oder nicht mehr herstellen lässt, das Wissen darum, wer sein leiblicher Vater ist und wie es sich zugetragen hat, dass er jetzt nicht oder nicht mehr da ist. Das Gesagte gilt natürlich im selben Ausmaß auch für die neue Frau des Mannes als »soziale Mutter« der Kinder. Kinder, die einen leiblichen Elternteil oder beide gar nicht kennen, erleben sich als Heranwachsende oder Erwachsene oft, als ob etwas mit ihnen »nicht stimmen« würde. Sie leiden auf einer sehr existenziellen Ebene unter einer tief sitzenden Selbstunsicherheit – oft ihr ganzes weiteres Leben lang.

Die eine Konsequenz daraus lautet: *Der nicht im Alltag mit dem Kind lebende Ex-Partner und leibliche Elternteil darf nicht ausgeschlossen werden,* und zwar vor allem im Interesse des Kindes und seiner Identitätsfindung, aber auch im Interesse des betroffenen leiblichen Elternteils und seines zutiefst vorhandenen Rechts auf Kontakt zu seinen leiblichen Kindern.

Das beinhaltet zum anderen natürlich auch: Der außerhalb lebende leibliche Elternteil *darf sich nicht selber ausschließen*, indem er beispielsweise von sich aus den Kontakt zu Ex-Partner und Kind abbricht und sich »auf Nimmerwiedersehen« davonmacht. Es gibt Beispiele für dieses Verhalten, oft auch als der illusorische Versuch, »ein ganz neues Leben zu beginnen« und die schmerzvolle und misslungene Vergangenheit auf diese Weise »ungeschehen« zu machen. Die Vergangenheit kann aber nicht ungeschehen gemacht werden. Durch diesen Versuch wird eine Trennung hingegen tatsächlich zum massiven Schaden für die betroffenen Kinder, während sie durch die Trennung überhaupt keinen Schaden erleiden müssen, wenn ihre Eltern dafür sorgen, dass sie trotz dieser Trennung ihre *beiden* Eltern, wenn auch in der neuen Situation, die jetzt entsteht, dennoch behalten dürfen.

Finanzielle Regelungen

Bei einer Scheidung spielen natürlich auch die Finanzen eine zentrale Rolle, und hier tut sich ein riesiges Konfliktfeld auf, weil sich dieser Bereich scheinbar besonders gut dafür eignet, dem anderen frühere Verletzungen heimzuzahlen und so eine Art »Ausgleich« zu schaffen. Dass ein Ausgleich auf der persönlichen Ebene über finanzielle Forderungen illusorisch ist, darauf werde ich im nächsten Kapitel noch ausführlicher eingehen. Ich will überhaupt diesen Bereich nur kurz streifen, weil er nicht zu meinem Fachgebiet gehört.

Aus psychologischer Sicht nur so viel zu diesem Thema: Eine Regelung der Finanzen, die von beiden Ex-Partnern als »fair« und akzeptabel erlebt wird, kann zur Beruhigung der Auseinandersetzung der beiden und damit auch für das Wohlbefinden der Kinder eine sehr große Bedeutung haben. Um eine solche Regelung zu finden, ist eine sogenannte *»Mediation« sehr zu empfehlen*. Der Mediator, der Vermittler, kann sehr helfen, den Streit zu vermeiden, der mit all den finanziellen und seelischen Kosten, die hier anfallen, über Rechtsanwälte ausgetragen wird. In einer Mediation wird mit Hilfe des entsprechend geschulten Mediators jener *Kompromiss zwischen den Partnern gesucht, der für beide tragbar und somit fair ist.* Hier gilt die Regel: Nur im Fall des akzeptierten Kompromisses werden am Ende beide Gewinner sein. Denn wenn einer den anderen zum Verlierer macht, werden beide Verlierer sein. Denn ein »Sieg« des einen im Bereich der Finanzen, der auf Kosten des anderen geht, führt mit Sicherheit dazu, dass der Kampf weiter geht – mit allen verheerenden Folgen, vor allem auch für die Kinder. Verlierer sind also in diesem Fall immer beide Partner und zusätzlich die Kinder!

Geeignet als Mediatoren sind Menschen, die sich sowohl im juristischen Bereich als auch mit psychologischen Mechanismen gut auskennen, also zum Beispiel juristisch dafür ausgebildete Psychologen oder psychologisch ausgebildete Juristen. Für die Befriedung der gesamten Situation ist es von ungeheurem Wert, wenn durch Vermittlung solcher Fachleute im Bereich der Finanzen ein von beiden als fair empfundener Kompromiss erreicht wird.

In den vorausgehenden Punkten haben wir die »äußeren« Regelungen angesprochen, auf die man sich bei einer Scheidung einigen sollte, weil sie in ihren Auswirkungen keineswegs nur äußerlich bleiben, sondern auf das weitere Wohlbefinden sowohl der Erwachsenen als auch vor allem der Kinder großen Einfluss haben. Im Folgenden will ich noch einige Überlegungen anschließen, die das konkrete Verhalten im Alltag der getrennten Eltern zueinander und den Kindern gegenüber betreffen. Denn auch hier heißt es immer wieder: Unterscheiden zwischen Eltern-Ebene und Paar-Ebene!

5.3 Die getrennten Eltern und die gemeinsamen Kinder – ihr Umgang miteinander im Alltag

Wohlwollend gehen lassen

Wenn die Eltern getrennt leben und eine akzeptierte Besuchsregelung gefunden haben, erleben sie immer wieder die Situation, dass sie sich von ihren Kindern verabschieden müssen, um diese zum anderen Elternteil gehen zu lassen. Das Wochenende beispielsweise steht bevor, an dem der außerhalb lebende Vater die Kinder zu sich abholen wird. Wie geht die Mutter nun damit um? Wenn die Kinder sich freuen, kann sie sich ihrer Freude anschließen, wenigstens ein bisschen? Oder wenn eines der Kinder sich sträubt, kann sie ihm dann gut zureden, die Vereinbarung nicht in Frage stellen – und den ankommenden Vater auf die Schwierigkeit aufmerksam machen, ohne ihn dabei versteckt anzuklagen (»Da siehst du ja, dass die gar nicht zu dir wollen ...!«)?

Für die Kinder, ob sie sich freuen oder auch einmal sträuben, ist es wichtig, dass sie die Erfahrung machen: Es ist vom Elternteil, bei dem wir im Alltag leben, erwünscht, dass wir auch den anderen Elternteil besuchen! Das gilt natürlich auch umgekehrt für den auswärts lebenden Elternteil, wenn er die Kinder wieder zurückbringt: Lässt er die Kinder spüren, dass dieses Zurückbringen auch in seinem Sinn ist, auch wenn er den Abschied vielleicht als schmerzlich empfindet?

Hier öffnet sich ein weites Einfallstor für schlimme Solidaritätskonflikte der Kinder: Wenn sie erleben, dass ein Elternteil gar nicht wirklich will, dass sie zum anderen gehen, mit ihm Kontakt haben und für ein paar Tage zusammen sind! So geringfügig die Momente des Abschiednehmens und der »Übergabe« erscheinen mögen: Emotional sind es Schlüsselsituationen für die Erfahrung der Kinder: Wir »dürfen« ohne schlechtes Gewissen beide Eltern für uns haben! Mutter und Vater, jeder der beiden findet unseren Kontakt zum anderen in Ordnung und wichtig! Auch hier ist natürlich bei Ex-Partnern, in deren Seelen noch frühere Konflikte miteinander rumoren, eine Menge Selbstdisziplin erfordert. Aber sie lohnt sich!

Keine abfälligen Äußerungen über den anderen

Es ist mehr als verständlich, dass sich bei Ex-Partnern ab und zu der Ärger auf den anderen meldet. Es ist auch mehr als verständlich, dass man in dieser Situation manchmal Menschen braucht, denen gegenüber man sich »auskotzen« kann. Aber die gemeinsamen Kinder eignen sich dafür am allerwenigsten. Nicht nur vor dem eigenen »Auskotzen« sollte man sie bewahren, sondern auch vor jeder abfälligen, abwertenden, verurteilenden Äußerung über den anderen Elternteil. Wenn beispielsweise im Verlauf des Besuches beim außerhalb Lebenden befremdliche Dinge vorgefallen sind und von den Kindern erzählt werden, ist der richtige Ansprechpartner dafür dieser Elternteil selbst, mit dem dann vielleicht etwas geklärt werden muss, nicht die Kinder!

Auch wenn sich herausstellen sollte, dass das Befremden und der Ärger des anwesenden Elternteils über denjenigen, den die Kinder besucht haben, berechtigt ist: Die Kinder müssen davor verschont bleiben. Und genauso gilt das natürlich auch für den außerhalb lebenden Elternteil dem Ex-Partner gegenüber, bei dem die Kinder den Alltag verbringen. Sollte es hier ständige Unstimmigkeiten geben, wäre es empfehlenswert, dafür – auch und gerade als getrennt lebendes Elternpaar – eine Erziehungsberatung in Anspruch zu nehmen, um hier die Probleme zu besprechen und Übereinstimmung den Kindern gegenüber zu suchen.

Abfällige Äußerungen über den Ex-Partner in Anwesenheit der Kinder entfalten ihre negative Wirkung für diese gar nicht nur als Worte oder gesprochene Sätze. Sie können auch über Blicke, abfällige Gesten und dergleichen zum Ausdruck kommen. Kinder haben ein feines Gespür für das Atmosphärische und nehmen unbewusst auch solche Äußerungen sehr genau wahr. Sicher lässt sich, wenn die Ex-Partner innerlich nicht wirklich Frieden geschlossen haben, nicht alles vermeiden. Aber man sollte hier sehr achtsam sein, weil es sonst unvermeidbar ist, dass die Kinder in die destruktivste Problematik hineingeraten, die es für sie gibt: in Solidaritätskonflikte zwischen den Eltern. Die Ex-Partner müssen sich um Achtung vor dem anderen als Vater/Mutter der Kinder bemühen, auch schon kurz nach der Trennung und auch wenn das natürlich gar nicht einfach ist!

Kinder nicht in Konflikte der Eltern hineinziehen und nicht zu Zwischenträgern machen

Noch schlimmer ist es, wenn Konflikte bezüglich der Kinder von den Ex-Partnern vor diesen ausgetragen werden oder die Kinder sogar zu Schiedsrichtern gemacht werden, indem man sie herausfordert zu sagen, welchem Elternteil sie zustimmen. Kinder brauchen beide Eltern, ob sie als Paar zusammen sind oder sich getrennt haben. Darum dürfen sie nicht in solche Gefühlsdilemmata gebracht werden!

Und überhaupt: Was die getrennten Eltern angeht, sollen sie direkt miteinander besprechen. Auch wenn es nicht um konflikthafte Angelegenheiten geht, sollen die Kinder *nicht zu »Zwischenträgern« gemacht* werden, etwa aus der Motivation: *»Ich möchte möglichst wenig Kontakt zum ihm/zu ihr – also beauftrage ich die Kinder damit, das auszurichten.«* Das ist ein Missbrauch der Kinder und belastet sie oft erheblich, weil sie sich dann in eine Rolle gedrängt fühlen, die nicht die ihre sein darf.

Kooperation auf der Eltern-Ebene in Erziehungs-, Gesundheits- und Schulfragen

Sicherlich ist es sehr schwierig, als Eltern die Erziehungsaufgabe auch nach der Trennung als *gemeinsame* Aufgabe zu begreifen und zu erfüllen. Durch das gemeinsame Sorgerecht, das heutzutage immer öfter von den Gerichten verfügt wird, wird dies ja sogar amtlich so definiert. Aber auch ohne diese rechtliche Definition bleiben *beide* Eltern für diese Aufgabe zuständig. Unvermeidlich wird der Elternteil, bei dem die Kinder leben, im Alltag häufiger mit dieser Aufgabe konfrontiert und öfter damit konkret beschäftigt sein. Dennoch muss immer im Bewusstsein bleiben: Auch der andere, derjenige, der getrennt lebt, gehört hier dazu!

Konkret heißt das: Jedenfalls bei gewichtigeren Themen – Verhalten, Schulfragen, Ausbildungsfragen, bei Themen der Gesundheit und Krankheit und dergleichen mehr – braucht es Kontakt der beiden Elternteile und gemeinsame Besprechungen möglichst mit dem Ziel, Übereinstimmung bezüglich der nötigen Maßnahmen zu erreichen. Auch hier gilt wieder: Das ist gar nicht einfach! Und auch hier wieder: Ja nicht die Paarkonflikte mit dieser Eltern-Aufgabe vermischen! Sich immer wieder klarmachen: »*Jetzt rede ich mit dem Vater/der Mutter unserer Kinder, und da brauchen wir einen Konsens!*«

Hinweise speziell für den außerhalb Lebenden

Wir haben jetzt hauptsächlich über jene Fragen gesprochen, die sich ergeben, wenn die Kinder mit beiden Elternteilen zu tun haben und in dieser Situation der Trennung sehr leicht »zwischen die Fronten« geraten können. In diesem Abschnitt soll jetzt noch von der wichtigen Frage die Rede sein, wie der getrennt Lebende mit dem Kind/den Kindern in der neuen Situation gut umgehen kann, vor allem wenn sie bei ihm »zu Besuch« sind. Hier gibt es einige wichtige Punkte, die zu beachten sind.

Wir haben ja auch über Väter gesprochen, die sich aus dem Staub machen und sich nach der Trennung nicht mehr um ihre Kinder kümmern. Hier sprechen wir jetzt über die heutzutage viel häufigere Situation, dass der getrennt lebende Elternteil den Kontakt zu den Kindern sehr verlässlich hält, aber es dabei womöglich »zu gut meint«, damit den Kindern auf die Nerven geht oder ihnen sogar schadet und somit womöglich auch Konflikte mit dem anderen Elternteil heraufbeschwört. Durch Telefon und Internet sind »Kontakte zwischendurch« ja sehr viel leichter möglich geworden als es früher der Fall war. Das wird für manche außerhalb lebenden Elternteil zur ständigen Versuchung, »mal schnell zu schauen«, was mit dem Sohn, mit der Tochter los ist. Die Gefahr besteht, dass das dann gerade gar nicht in die Situation des Kindes und der Teilfamilie passt und er so zum lästigen Störenfried wird. So kann es sein, dass der außerhalb Lebende sich selbst ins Abseits manövriert und den beidseitigen Kontakt auf diese Weise belastet. Hier das gute Mittelmaß »*Nicht zu oft und nicht zu selten*« zu finden, ist eine wichtige Aufgabe, um für die Kinder den Kontakt zu beiden Eltern gut zu gestalten.

Außerdem neigen Väter, die außerhalb der Familie leben, manchmal dazu, die Zeiten, die sie mit den Kindern verbringen, zu riesigen Events aufzublähen und diese »mit Wohltaten zu überschütten«. Oft spielt dabei ihr schlechtes Gewissen eine Rolle. Sie machen sich Vorwürfe, dass sie die Kinder »verlassen« haben, dass sie die Trennung nicht verhindert haben und dass sie den Kindern damit wohl Schaden zufügen. Das wollen sie jetzt an den Kindern »wiedergutmachen«, indem sie ihnen alles bieten, was sie sich wünschen könnten, wenn sie bei ihnen sind. So vermitteln sie ihnen aber ein völlig unrealistisches Bild vom jetzigen Leben ihres Vaters. Viel wichtiger wäre es, dass die Kinder während ihres Aufenthalts beim getrennt lebenden Elternteil dessen neue Umwelt und dessen jetziges Leben auf eine realistische Weise kennenlernen, denn dies ist ja ein wichtiger Bestandteil ihrer Beziehung zu ihm.

Für den getrennt lebenden Elternteil gelten demnach zwei Grundsätze, deren Wichtigkeit ich in meiner therapeutischen Arbeit immer wieder erfahren habe: Der erste lautet: »Qualität geht vor Quantität«, der zweite: »Regelmäßigkeit geht vor Häufigkeit«.

Qualität geht vor Quantität
Sowohl, was die Häufigkeit der Kontakte angeht, als auch deren Gestaltung: Viel wichtiger als eine große Zahl der Kontakte und der äußere Aufwand, der dabei getrieben wird, ist es, dass ein echter und guter Kontakt entsteht und gepflegt wird. Hier zeigt sich manchmal, dass die Trennung für diesen Kontakt sogar förderlich ist. Immer wieder habe ich von betroffenen Vätern gehört: *»Seit ich im Alltag getrennt von meinem Jungen lebe, ist meine Beziehung zu ihm viel besser geworden. Denn wenn er bei mir ist, lasse ich mich wirklich auf ihn ein und bin ganz für ihn da. Früher, da habe ich ihn oft gar nicht beachtet und deshalb kaum etwas von ihm mitgekriegt.«*

Regelmäßigkeit geht vor Häufigkeit
Das habe ich oben als zweiten Grundsatz formuliert. Damit ist Folgendes gemeint: Für das Bewusstsein des Kindes, zu beiden Eltern in Beziehung zu sein und – trotz der Trennung – auch in einer vollständigen Familie zu leben, ist die Regelmäßigkeit des direkten Kontakts zum außerhalb lebenden Elternteil wichtig, und zwar wichtiger als dessen Häufigkeit. Natürlich sollten die Abstände zeitlich auch nicht zu groß sein, der Rhythmus und die Wiederholung der Termine müssen für das Kind spürbar bleiben. Aber, wie ich aus eigenem Erleben weiß, muss

das nicht heißen: Jede Woche muss Kontakt sein, auch nicht unbedingt alle vierzehn Tage.

Als Beleg dafür kann ich meine eigene Erfahrung als Betroffener hier anführen: Meine Kinder zogen nach der Trennung mit ihrer Mutter zu deren neuem Partner in dessen weit entfernt liegenden Wohnsitz. Ich war damals gerade am Anfang meiner beruflichen Selbstständigkeit und musste in diesem Zusammenhang auch immer wieder Wochenendseminare anbieten. Außerhalb der Urlaubszeit, in der wir immer auch einen zusammenhängenden Teil miteinander verbrachten, war die einzige Möglichkeit, die Kinder bei mir zu haben, einmal im Monat ein Wochenende für sie freizuhalten, sie da von ihrem neuen Wohnort abzuholen und am Sonntag wieder zurückzubringen. Zu dieser Zeit hatte meine jüngere Tochter die Schule begonnen und da einmal die Aufgabe bekommen, ein Bild zum Thema »Meine Familie« zu zeichnen. Auf ihrem Bild malte sie sich selbst ins Zentrum. Nahe bei ihr stellte sie ihre Mutter dar und – genau so nahe bei ihr – mich als ihren Vater. Der neue Partner meiner ehemaligen Frau bekam einen Platz zusammen mit den übrigen Bewohnern der dortigen Wohngemeinschaft in der rechten oberen Ecke des Bildes ... Trotz der relativ weit auseinander liegenden Kontakt-Termine, war der kleinen Tochter die leibliche Familie und ich als ihr Vater ganz klar im Bewusstsein, obwohl sie in ihrer Alltagserfahrung konkret die neue Konstellation der Wohngemeinschaft sehr viel umfassender erlebte!

5.4 Damit dieser Umgang gelingt ...

Im nächsten Kapitel werden wir darüber sprechen, dass eine innere Aussöhnung mit der Tatsache der Trennung, den Anteilen des Partners und meinen eigenen Anteilen daran das Wichtigste ist, damit die angeführten Aufgaben im Interesse der gemeinsamen Kinder dauerhaft gut erfüllt werden. Das Problem ist, wie schon erwähnt: Eine solche Aussöhnung braucht in aller Regel mehr Zeit. Die Trennungsregelungen und die Regelungen zum Umgang mit den Kindern müssen aber schon viel früher ausgehandelt und gelebt werden. Es braucht darum schon jetzt Maßnahmen, damit das in einer konstruktiven Weise gelingt. Die wichtigsten scheinen mir zu sein: Sich im Handeln *nicht leiten lassen von eigenen noch vorhandenen Verletztheits-Gefühlen,* und: *Sich nicht durch das eigene schlechte Gewissen leiten lassen.*

Gefühle der Verletztheit

Ärger über und Wut auf den Ex-Partner, innere Vorwürfe an ihn, Gekränktheit durch dessen Handeln oder Unterlassen vor und während des Trennungsprozesses: Solche Gefühle und Impulse sind natürlich und nachvollziehbar, sowohl bei dem, der die Trennung gewollt hat wie auch bei dem, der sich dagegen gewehrt hat. Die Paar-Ebene wird davon noch bestimmt, und es braucht, wie ich bereits betont habe, noch mehr Zeit, um sie zu überwinden. Aber im Interesse der Kinder und damit sie keinen Schaden erleiden, ist es unbedingt nötig, das Handeln und die Entscheidungen, die jetzt für die beiden als Eltern anstehen, davon nicht bestimmen zu lassen. Das ist viel verlangt, aber unbedingt nötig! Man muss hier selbstkritisch sein und sich immer wieder die Frage stellen: Betrifft der Ärger, ist die Wut, die ich da verspüre, wirklich die Eltern-Ebene – oder ist es nicht viel mehr die Gekränktheit von mir als Partner einer zu Ende gegangenen, vielleicht auch zerstörten Liebesbeziehung? Nur mit sehr viel Ehrlichkeit zu sich selbst und Steuerung meines Verhaltens mit klarem Verstand wird es dann gelingen, die Elternebene im Interesse der Kinder gut zu regeln und nicht von den Verletztheits-Gefühlen bestimmen zu lassen.

Das schlechte Gewissen den Kindern gegenüber

Wie sehr das schlechte Gewissen gegenüber den Kindern einen wenig konstruktiven Umgang mit ihnen bewirken kann, haben wir oben beim getrennt lebenden Elternteil bereits gesehen. Was da gesagt wurde, gilt genauso auch für den Elternteil, der im Alltag mit den Kindern lebt: Ihn können die Gewissensbisse ebenfalls dazu verführen, zu sehr verwöhnend mit ihnen umzugehen und nicht mehr die nötigen Forderungen des täglichen Lebens klar zu vertreten und konsequent zu verfolgen: »*Weil sie ja so gelitten haben… Weil ihnen ja schon die Trennung zugemutet wurde…!*« Damit ist aber den Kindern für ihr späteres Leben ganz und gar nicht geholfen! Sie brauchen eine klare, manchmal auch fordernde Führung als Vorbereitung auf ihr Erwachsenen-Leben.

Das schlechte Gewissen kann übrigens auch dann wirken, wenn es der betreffende Elternteil gar nicht wahrnimmt, und zwar dadurch, dass er die ganze Schuld an der Trennung dem anderen Partner zuschiebt und so mithilfe dieser Anschuldigung die Regungen des eigenen schlechten Gewissens unterdrückt. Das kann ein großes Hindernis sein, in Bezug auf die Kinder kooperativ und akzeptierend mit dem Ex-Partner als ebenbürtigem Elternteil der Kinder umzugehen. Sich dieses möglichen Zusammenhanges bewusst zu werden und ehrlich zu überprüfen, ob Derartiges bei mir wirksam sein könnte, ist hier sehr wichtig. Das eigene schlechte Gewissen muss »im Zaum gehalten« oder – noch besser – möglichst überwunden werden. Aber wie macht man das?

Das Erste ist, dass man sich eingesteht: *»Ja, ich mute, wir muten den Kindern mit der Trennung tatsächlich etwas zu! Besser und schöner wäre es für sie, die Möglichkeit gehabt zu haben, in einer stabilen und intakten Familie aufzuwachsen und Vater und Mutter auch im Alltag um sich zu haben. Und ich habe in diesem und jenem Punkt auch dabei mitgewirkt, dass die Ehe auseinander gegangen ist – jedenfalls aus jetziger Sicht, vielleicht damals aus Unwissenheit, Ungeschicktheit..., aber schon auch durch mein eigenes Tun und Unterlassen in der Partnerschaft...«* Es ist wichtig, sich dies einzugestehen, es bringt einen auf den Boden der Tatsachen. Aber es ist nur der erste Schritt.

Der zweite Schritt wäre dann, sich deshalb nicht mit dem schlechten Gewissen zu quälen, sondern zu sich selbst zu sagen und immer wieder zu sagen: *»Ja, so bin ich halt* *auch! Das sind meine dunklen Seiten, meine Begrenzungen, die ich – jedenfalls damals – nicht überwinden konnte. Jetzt – nach den Erfahrungen, die ich gemacht habe – wäre es vielleicht anders, aber damals ... ich will mich jetzt so nehmen, wie ich bin und wie ich damals war ... mit meinen Grenzen, meinen Schwächen: Ich nehme mich so an!«* Sich das zu sagen, ist eine Zeit lang immer wieder nötig, weil sich das schlechte Gewissen auch immer wieder meldet. Es wird mit einem Mal nicht genug sein, es ist ein Prozess, der erst nach und nach und auf der Basis großer Ehrlichkeit mit sich selber wirksam wird. Und es geht darum, dass ich dabei zusätzlich lerne, barmherzig mit mir selber zu sein. Dies wird destruktiv-verwöhnendes Verhalten den Kindern gegenüber nicht mehr nötig machen.

Eine weitere Hilfe ist für viele, dass sie lernen, ihre Trennung auch *aus einem anderen Blickwinkel zu sehen.* Der oft gehörte Satz »*Für die Kinder ist es immer am schlimmsten*« stimmt einfach in dieser Allgemeinheit nicht. Sicher wäre es für sie schöner, in einer Familie mit einer intakten, liebevollen Paarbeziehung aufzuwachsen. Aber war das die Situation der Familie, bevor es zur Trennung kam? Wenn die Partner es nicht geschafft haben, ihre Probleme miteinander auf gute Weise zu lösen und wieder in Liebe zusammenzufinden, was wäre die Alternative zur Trennung gewesen? Mit den ständigen, nur mühsam unterdrückten oder immer wieder aufflammenden Konflikten zu leben? Den Kindern dadurch eine liebe-leere Atmosphäre zuzumuten durch Eltern, die nur so getan haben, als gehörten sie als Paar zusammen, in Wirklichkeit aber in unendlicher Distanz zueinander und mit vielen Ressentiments gegeneinander lebten? Wäre das wirklich die bessere Alternative zur Trennung gewesen?

Ich habe schon öfter in Therapien erlebt, dass Erwachsene über ihre Kindheit, die sie in einer solchen Atmosphäre erlebt hatten, berichteten: Sie hätten sich oft innigst gewünscht, dass ihre Eltern auseinander gehen, denn das wäre viel leichter zu ertragen gewesen als eine solche Situation! Inzwischen wissen wir auch aus der Forschung: Eine ständig konflikthaft aufgeladene Atmosphäre ohne liebevolle Versöhnung der Eltern ist schädlicher als eine Trennung, vor allem dann, wenn diese fair vollzogen wird. Denn in diesem Fall ändert sich zwar die gesamte familiäre Situation, aber die Kinder haben Kontakt zu beiden Eltern und werden dann nicht von Solidaritätskonflikten zerrissen.

Zudem kann es hilfreich sein, noch folgende weitere Tatsache zu sehen: Wenn die Trennung im beschriebenen Sinn fair vollzogen wird, eröffnen sich den Kindern auch gerade durch sie neue und Reifung fördernde Erfahrungen: Einmal lernen die Kinder am Modell ihrer getrennten Eltern: *Sogar ein so schwerwiegender Konflikt kann gut gelöst werden.* Und gut heißt hier vor allem: So, dass niemand der Beteiligten und Betroffenen auf Dauer einen Schaden davontragen muss. Gute Modelle von Konfliktlösung sind für eine gute Lebensbewältigung der Kinder von zentraler Bedeutung[11], denn am Modell der Eltern lernen die Kinder immer sehr Grundsätzliches für ihr eigenes Leben.

Außerdem gewinnen die Kinder oft über die Trennung *einen größeren Kreis naher Beziehungen* hinzu: Die neuen Partner der Eltern, deren Kinder und deren Angehörige. Natürlich birgt dieses Hinzukommen »neuer Verwandtschaft« für die Kinder auch Konfliktstoff in sich, wir haben das im Zusammenhang mit den neuen Beziehungen ihrer Eltern schon erwähnt, aber es beinhaltet auch *ein großes Potential möglicher guter Erfahrungen*, die auch einiges von den Verlusterlebnissen, die durch die Trennung der Eltern entstanden sind, wieder auffangen können. Man spricht in diesem Zusammenhang heute von »Resilienz-Erfahrungen«: Kinder, die schlechte Erfahrungen mit den eigenen Eltern gemacht haben und dadurch seelische Wunden erlitten haben, können diese Wunden durch gute Erfahrungen mit ihnen wohlgesinnten Erwachsenen im späteren Alter wieder heilen.

Mit der »neuen Verwandtschaft« ist schließlich auch gegeben, dass die Kinder *neue Milieus, neue Lebenskonzepte, vielleicht auch andere Kulturen kennenlernen*, die ihren Horizont erweitern und mit denen sie ohne die Trennung nie in Kontakt gekommen wäre.

5.5 Die Kinder und die neue Partnerin des Vaters, der neue Partner der Mutter

An dem Beispiel von Friedrich und Annabel (S. 105 ff) wurde schon konkret geschildert, wie dieses Verhältnis gut gestaltet werden kann. In unserem jetzigen Zusammenhang greifen wir es nochmals auf, jetzt mehr aus der Sicht und dem Erleben der Kinder. Früher wurden die dazugekommenen Partner in Bezug auf die Kinder »Stiefväter« oder »Stiefmütter« genannt. Wie die Märchen zeigen, standen sie und stand vor allem die Stiefmutter in keinem guten Ruf. Man erlebt diese Begriffe mit »Stief« darum heute eher diffamierend für die betreffenden Frauen und Männer, und darum besteht die Tendenz, sie möglichst zu vermeiden.

Was dabei möglicherweise übersehen wird: Den neuen Partnern von Vater bzw. Mutter begegnen die Kinder auch heute noch in der Regel mindestens mit großer Skepsis, wenn nicht sogar Abneigung. Sehr oft werden diese »Neuen« *als Eindringlinge erlebt*, vor allem dann, wenn die Kinder noch in der alten Wohnung leben, in der sie vor der Trennung der Eltern mit Vater und Mutter zusammen waren. Wenn die/der »Neue« dann auch noch meint, den Kindern disziplinarische Anweisungen geben oder andere erzieherische Forderungen erheben zu müssen, verwandelt sich die Skepsis ihm/ihr gegenüber oft in geheimen oder auch offenen Widerstand: »*Was hat mir denn der/die zu sagen?!*« Zudem halten die Kinder den »Eindringling« oft auch noch für schuld am Auszug von

Vater bzw. Mutter, vor allem wenn der zeitliche Abstand zwischen Trennung und Einzug des neuen Partners sehr kurz ist.

Durch solche Konflikte kommt natürlich der leibliche Elternteil leicht ins Dilemma: Soll er jetzt Partei für seine/n neue/n Partner/in ergreifen, was heißen würde, sich gegen die Kinder zu stellen, denen ohnehin schon die Trennung zugemutet wurde? Oder soll er sich auf die Seite der Kinder schlagen und sich damit mit ihnen gegen den/die geliebte/n neue/n Partner/in verbünden? In unserem Beispiel von Friedrich, dem neuen Partner von Annabel, haben wir schon geschildert, was für eine Patchwork-Situation, um die es ja hier geht, auch ganz allgemein gilt und sehr zu empfehlen ist:

Erstens: Dass sich das neue Paar Zeit lässt mit dem Zusammenziehen

Die Kinder unterscheiden ja nicht zwischen Paar- und Eltern-Ebene. Sie verlieren ja durch die Trennung die Nähe zu einem Elternteil. Darum ist es verständlich und nicht anders zu erwarten, dass sich die Kinder dadurch sehr betroffen fühlen und unter dem Verlust leiden. Wenn der neue Partner da zu früh in ihre Welt »eindringt«, werden sie höchstwahrscheinlich sehr negativ reagieren – selbst dann, wenn sie sich im äußeren Verhalten anpassen und nichts von Rebellion oder Abneigung zeigen. Darum wurde oben (S. 86f) dem »neuen« Paar, also dem leiblichen Elternteil und dem dazugekommenen Partner der

Grundsatz empfohlen: »*Nicht zu rasch zu nah zusammen!*« Friedrich ist in unserem Beispiel diesem Grundsatz gefolgt – und das hat sich für alle Beteiligten, wie wir gesehen haben, gut ausgewirkt. Die zweite Empfehlung lautet:

Zweitens: Der dazugekommene Partner soll sich mit der Übernahme elterlicher Verantwortung für die Kinder sehr zurückhalten

Wo immer es möglich ist, soll er elterliche Anweisungen an die Kinder vermeiden und diese dem leiblichen Elternteil überlassen. Auch das hat Friedrich in dem erwähnten Beispiel beachtet, und es kam seiner Beziehung zu den Kindern seiner neuen Partnerin sehr zugute.

Er kam nämlich so in den Augen der Kinder nicht in Konkurrenz zum leiblichen Vater und konnte so für sie mit der Zeit eine Art »älterer Freund« werden: Durch interessierte Gespräche mit ihnen, durch Überlegungen, die er ihnen zu dieser oder jener Frage mitteilte und durch viel Lob und Anerkennung, die er ihnen gab. Wenn das dem »dazugekommenen Partner« gelingt, kann sich der Weg dazu öffnen, dass er den Kindern wichtige väterliche »Resilienz-Erfahrungen« vermittelt und damit auch als »väterliche Person« für sie sehr wichtig wird und nicht nur als älterer Freund. So konnte Friedrich mit seinen »Stiefkindern«, als sie langsam größer geworden waren und in die Pubertät kamen, sehr viel besser als es mit dem leiblichen Vater möglich war auch über heikle Themen

wie das der Beziehungen zu Mädchen reden und dazu
nützliche Hinweise geben.

Drittens: Den leiblichen Elternteil nicht abwerten

Das setzt freilich voraus, dass der dazu gekommene Partner sehr sorgfältig alles vermeidet, womit er den nicht anwesenden Elternteil – öfter ist das ja bei Trennungen
durch Entscheidung der Vater als die Mutter, es gilt aber
für beide! – in den Augen der Kinder abwerten könnte.
Und vor allem: Dass er strikt vermeidet, sich ihnen gegenüber als »besserer Vater«, als »bessere Mutter« aufzuspie-
len. Auch wenn der getrennte leibliche Elternteil durch
ein problematisches persönliches Leben oder schwer ak-
zeptables Verhalten gute Gründe dafür liefern würde,
muss zum Beispiel der neue Partner der Mutter immer
klar und deutlich machen: »*Er ist der Vater – ich bin der
neue Partner deiner Mutter und dein älterer Freund!*«
Dabei ist weniger wichtig, dass dies in Worten ausgedrückt wird, aber es sollte in der Haltung und im Verhalten den Kindern gegenüber immer wieder zum Ausdruck
kommen.

Man muss dabei allerdings eines bedenken: Je jünger die
Kinder sind und je weniger der getrennte leibliche Elternteil sich um sie kümmert, desto mehr kann es sein, dass
der dazugekommene Partner auch mehr und mehr eine
elterliche Rolle übernimmt. Das trifft natürlich vor allem
auf »Stiefmütter« zu, also Frauen, die in die Familie gekommen sind, als die Kinder noch sehr klein waren und

wo leibliche Mütter sich nicht kümmern oder kümmern können (wenn sie z. B. früh gestorben sind). Aber auch in diesen Fällen und auch gleichgültig, ob es sich um »Stiefmütter« oder »Stiefväter« handelt, ist es sehr wichtig, dass die »Stiefeltern« die leiblichen Eltern »in Ehren halten« und das den Kindern gegenüber auch immer wieder zum Ausdruck bringen.

Viertens: Die Bedeutung der leiblichen Elternschaft für die Kinder nicht unterschätzen

Wir unterschätzen heutzutage häufig, welche existenzielle Bedeutung die leibliche Elternschaft für die nächste Generation hat. Immer wieder hört man von Menschen, denen die Information verschwiegen wurde, dass sie nicht leibliches Kind des anwesenden Mannes, der anwesenden Frau sind, oder auch von solchen, die das wussten, aber vor denen in der Familie nie darüber gesprochen wurde. In der Zeit des Heranwachsens bekamen sie oft das diffuse Gefühl: »*Mit mir stimmt etwas nicht*«! Nicht selten machen sich diese Menschen dann irgendwann auf die Suche, und sie erleben es als große Befreiung, wenn sie Kontakt zum getrennten leiblichen Elternteil finden. Eine solche Befreiung wird sogar dann erlebt, wenn sie mit diesem Elternteil in keinen guten oder in gar keinen persönlichen Kontakt kommen. Es ist sogar dann befreiend, wenn kein Kontakt mehr möglich ist, weil der leibliche Elternteil schon verstorben ist oder auch aus verschiedenen anderen Gründen. Trotzdem können die Kinder etwas über ihn erfahren, über sein Leben, sein Milieu, seine

Heimat und über das, was sonst noch zu seiner Welt gehört hat. Es ist dann, als ob sie sich das Stück fehlende eigene Identität gleichsam dadurch »zurückholen« könnten.

Einen solchen Fall konnte ich in meiner eigenen Familie vor vielen Jahren miterleben: Ein naher Verwandter von mir und seine Frau hatten sich entschlossen, zu ihren zwei leiblichen Kindern hinzu noch ein drittes Kind, einen kleinen Jungen zu adoptieren, der von seiner Mutter dazu freigegeben worden war, weil sie sich selber nicht um ihn kümmern konnte oder wollte. Meine Verwandten machten aus der leiblichen Abstammung ihres Jüngsten nie ein Tabu. Sie hätten auch nichts dagegen gehabt, wenn er Kontakt zu seiner leiblichen Mutter gewünscht hätte. Aber das wollte er gar nicht – bis er in die Phase des jungen Erwachsenenalters kam. Dann spürte er plötzlich bei sich ein starkes Bedürfnis danach, seine leibliche Mutter kennen zu lernen. Meine Verwandten halfen ihm sogar dabei, die Mutter ausfindig zu machen, und beide, der Adoptivsohn und sie, waren überglücklich darüber, dass sie sich auf diese Weise nun kennenlernten. Der Kontakt verlief allerdings nicht gut. Beide hatten sich wohl gegenseitig idealisiert, und das führte sehr rasch zu heftigen Enttäuschungen voneinander, sodass zeitweise der persönliche Kontakt sogar ganz abbrach. Dennoch spürte der inzwischen erwachsene Adoptivsohn sehr deutlich und betonte es auch immer wieder, wie wichtig diese Kontaktaufnahme für ein gutes Gefühl von sich selber und seine weitere Entwicklung zum selbstständigen Erwachsenen gewesen war.

Für die eigene Identitätsfindung scheint es demnach sehr wichtig zu sein, dass die nicht-leiblichen Kinder der Patchwork-Familie den im Alltag fehlenden leiblichen Elternteil, so gut es möglich ist, kennenlernen, mit ihm in Kontakt kommen oder wenigstens Informationen über seine Person und seine Umwelt erhalten. Es ist wie ein Stück von sich selbst, das sie dadurch an sich zum ersten Mal erleben, während sie es früher nur undeutlich geahnt und sich damit immer in einer persönlichen Unsicherheit über sich selbst erlebt haben.

Das Fazit diese Kapitels lautet nach dem Gesagten: Trennung muss für die Kinder keineswegs nur Verlust bedeuten. Zweifellos bedeutet sie für die Kinder immer auch eine Krise. Aber wenn ihre Eltern und die neu hinzugekommenen Partner so damit umgehen, wie es im Vorausgehenden dargelegt wurde, kann darin auch Gewinn vielfacher Art für sie enthalten sein. Allerdings: Für die Erwachsenen kann es schon recht schwierig sein, sich im Prozess der Trennung und unmittelbar danach an all das zu halten und all das zu vollziehen, worüber hier gesprochen wurde. Manchmal wird es große Disziplin verlangen, oft werden die äußeren Handlungen, obwohl richtig und für die Kinder nützlich, nur mit innerem Zähneknirschen von Eltern bzw. neuen Partnern vollzogen werden können: Weil man das Richtige zwar einsieht, aber innerlich mit dem ganzen Thema »Trennung« noch nicht wirklich ausgesöhnt ist. Dieser Aussöhnungsprozess braucht eben noch Zeit. Wie er sich vollziehen und zu einem guten Ende gebracht werden kann, darauf soll im nächsten Kapitel dieses Buches eingegangen werden.

6. Kapitel

Aussöhnung mit der Vergangenheit

Alles, was in den beiden vorausgehenden Kapiteln gesagt worden ist, soll helfen, dass der neue Lebensabschnitt als getrennt lebende Familie bzw. als Patchwork-Familie gut gelingt und niemand durch die Erfahrung der Trennung dabei einen nachhaltigen Schaden erleiden muss, weder die betroffenen Erwachsenen, noch die Kinder. Was sich in diesem Prozess häufig nach und nach auch vollzieht, sind *Schritte einer inneren Aussöhnung* der beiden getrennten Partner mit dem gemeinsamen Lebensabschnitt ihrer Vergangenheit. Allerdings kann es auch sein – selbst wenn die Ex-Partner durchaus faire und vernünftige Regelungen bezüglich der Finanzen und der Kinder gefunden haben und im Großen und Ganzen auch äußerlich konfliktfrei miteinander umgehen –, dass sie innerlich noch immer »hadern«: mit sich selbst, mit ihrem früheren Partner und mit dem, wie es zwischen ihnen gelaufen ist. Äußerlich läuft alles gut, aber innerlich macht jeder der beiden dem anderen und oft auch sich selbst immer noch Vorwürfe über dieses und jenes, und belastet sich mit eigenen Schuldgefühlen und Schuldzuschreibungen an den anderen.

Das beeinträchtigt häufig die Lebensqualität der beiden – trotz funktionierender Lebensorganisation – nicht unerheblich. Und nicht nur dies: Auch die Kinder können darunter leiden. Kinder haben ja feine Antennen für das Atmosphärische. Auch wenn äußerlich mit den wechselseitigen Kontakten zu den Eltern alles gut geregelt ist, auch wenn es keinen offenen Streit (mehr) zwischen ihnen gibt, spüren die Kinder das Unausgesöhnte und dadurch geraten sie unter Umständen doch wieder unter Spannung und in innere Solidaritätskonflikte.

Auch der neue Freund, die neue Freundin des Partners ist davon betroffen. Er/sie muss diese Last ja mittragen, obwohl er/sie damit gar nichts zu tun hat. In Gesprächen wird er/sie da hineingezogen oder spürt auch ohne ausdrücklichen Austausch, was in der Luft liegt: Dass sein Partner mit seiner Vergangenheit und seinem Ex-Partner hadert und deshalb noch immer damit belastet ist.

Darum ist es ein sehr erstrebenswertes Ziel, dass jedem der beiden früheren Partner, und zwar ganz unabhängig vom jeweils anderen, *eine möglichst vollständige innere Aussöhnung mit der Vergangenheit gelingt.* Aus diesem Grund sind dieses und das letzte Kapitel dem Thema Aussöhnung und Versöhnung gewidmet. Es geht dabei zunächst um zwei zentrale Fragen: Welche Vorwürfe mache ich – jedenfalls innerlich – immer noch meinem Ex-Partner? Und: Welche Vorwürfe bezüglich unserer vergangenen Beziehung mache ich mir selber immer noch? Und wenn beides deutlich geworden ist, geht es im nächsten Schritt um *Vergebung: Sich selber* vergeben und *dem Ex-Partner* vergeben. So können sich beide, und zwar unabhängig voneinander und für ihr weiteres voneinander getrenntes Leben, von der Last der Vergangenheit befreien – auch in ihren Herzen und ihren Seelen.

6.1 Warum ist Vergeben wichtig?

Ich gehe hier zunächst darauf ein, was es heißt und wie das geht, dem Ex-Partner zu vergeben. In einem zweiten Schritt will ich dann die Frage beantworten, warum es wichtig, ja nötig sein kann, sich selber zu vergeben.

Ausgleich ist nicht möglich

Wenn sich Partner trennen, die schon mehrere Jahre zusammen gelebt, eine gemeinsame Existenz aufgebaut und miteinander Kinder in die Welt gesetzt haben, sind sie in vielen oder jedenfalls in einigen gravierenden Punkten einander nicht gerecht geworden und haben dafür keine andere Lösung gefunden, als auseinander zu gehen. Wie viel Verlust das auch bedeutet, haben wir uns zu Beginn dieses Buches für beide, für denjenigen, der die Initiative zur Trennung ergriffen hat, und für denjenigen, der davon betroffen war, ausführlich deutlich gemacht.

Auch wenn es den beiden gelungen ist, im Zuge der Trennung faire und funktionierende Vereinbarungen bezüglich Kindern und Finanzen zu treffen, und das Zusammenspiel der getrennten Familie äußerlich reibungslos funktioniert, kann es sein und ist zunächst auch mehr als verständlich, dass in beiden ehemaligen Partnern deswegen – auch wenn sie nach außen hin kaum oder gar nicht mehr davon reden – *immer noch und immer wieder Vorwürfe* an den anderen hochkommen: »*Weil sie mich körperlich abgelehnt hat…«, »Weil er nie da war und mit allem mich belastet hat…«, »Weil sie fremdgegangen ist, und noch dazu mit einem gemeinsamen Freund…«, »Weil ich mich auf ihn nie verlassen konnte…«* Die Liste könnte man noch endlos fortsetzen! Dabei ist es meist so, dass sich beim einzelnen Paar die Vorwürfe, die immer wieder auftauchen, um einige wenige Punkte drehen, vielleicht sogar nur um einen einzigen: *»Da vor allem hat mir der andere Unrecht getan, dadurch vor allem hat er sich an mir schuldig gemacht!«*

Er hat sich an mir schuldig gemacht, das heißt dabei gleichzeitig immer: *Er/sie ist mir also etwas schuldig!* Und dieses Gefühl bleibt auch dann in mir lebendig, wenn ich die getroffenen äußeren Vereinbarungen akzeptieren kann und sie »gerecht« und fair empfinde. Aber: Er/sie ist mir immer noch etwas schuldig! *Und dafür brauche ich von ihm/von ihr eigentlich immer noch einen Ausgleich.* Die Vorwürfe, auch wenn sie nur noch innerlich rumoren, beinhalten: *»Du stehst in meiner Schuld! Du müsstest etwas tun, was meine Wunde heilt! Wenigstens sollte es dir jetzt so schlecht gehen, dass du leidest und merkst, was du mir angetan hast, das geschähe dir gerade recht! Und es wäre ein gewisser Ausgleich!«* – Auch wenn solche Rachegefühle nicht oder nicht mehr in Rosenkriegen und Rachehandlungen nach außen dringen, sind sie oft innerlich noch am Werk. Direkt oder in Form solcher Rachegefühle meldet sich also hier das *Bedürfnis nach Ausgleich* und das Gefühl, ein »Recht« auf einen solchen Ausgleich für die durch den anderen erlittenen Verletzungen zu haben.

Und hier ist der zentrale Punkt: *Einen solchen Ausgleich gibt es nicht.* Es handelt sich ja um etwas anderes als eine geschäftliche Vereinbarung, zum Beispiel hinsichtlich einer Summe Geldes, das mir der andere schuldig ist, und die ich nun mit vollem Recht – zusammen mit Zinsen und vereinbarten Säumniszuschlägen – zurückfordern kann. Damit wäre die Schuld beglichen – in einem geschäftlichen Bereich! Aber hier handelt es sich um etwas anderes: Nicht um eine geschäftliche Vereinbarung, sondern – jedenfalls im Kern – *um eine Vereinbarung der Liebe*, die verletzt wurde, und diese »Schuld« lässt sich durch nichts in der Welt »zurückzahlen«, sodass wir dadurch wieder »quitt« wären.

Sie lässt sich nicht zurückzahlen, und selbst wenn der andere mir gegenüber sein »Versagen« vollumfänglich eingestehen würde, auch wenn er äußerlich alles Erdenkliche für mich täte: Was er mir in der Beziehung, in der Liebe während unserer gemeinsamen Jahre angetan hat, das bleibt! Und selbst wenn es ihm hundeelend ergehen sollte und meine Rachegelüste dadurch voll gestillt würden: Was er mir in der Beziehung schuldig geblieben ist, das bleibt! *Für das Versagen in der Liebe gibt es keinen Ausgleich.* In meinen Vorwürfen an den getrennten Partner halte ich aber an dieser Illusion fest. Indem ich sie, wenn auch nur innerlich, mache, verlange ich von ihm einen Ausgleich dafür. Manche Geschiedene oder getrennt Lebende halten ein Leben lang an dieser illusorischen Forderung fest.

Damit wird aber nur eines erreicht: *Sie kommen nie von dieser Beziehung los*, auch wenn sie schon lange getrennt leben. Ja, man kann sogar sagen: Es gibt keine festere Bindung an den anderen als wie sie durch solche Vorwürfe enttäuschter Liebe entsteht und aufrechterhalten wird. Das zeigt sich auch darin, dass Menschen, die sehr intensiv in dieser inneren Vorwurfshaltung verharren, oft keine neue, dauerhafte Beziehung mehr eingehen, weil sie, wenn auch im negativen Sinn, am früheren Partner festhalten. Freilich gibt es kaum etwas Unbefriedigenderes als eine solche Bindung! Sie versperrt den Weg in die Zukunft vollständig.

Die Lösung heißt »Vergebung«

So wird immer deutlicher: Der einzige Weg, von den Vorwürfen und den darin enthaltenen Forderungen nach Wiedergutmachung loszukommen, ist: *darauf zu verzichten.* Und das ist *der Weg der Vergebung*[12]. Vergeben und Verzeihen sind bei uns Worte, die von den meisten Menschen mit allerlei Gefühlen verbunden und vermengt werden: Gefühle des Verständnisses, des Mitleids, der Großzügigkeit, der Barmherzigkeit usw. Mit diesen Vorstellungen geraten wir aber in Sackgassen: Denn was ist, wenn ich dem, der mir das angetan hat, kein Mitleid, kein Verständnis und dergleichen entgegenbringen kann? Soll dann Vergebung nicht möglich sein? Doch – gerade dann ist sie besonders nötig! Wir müssen die Begriffe »Vergebung« und »Verzeihen« von der Verbindung mit solchen Gefühlszuständen befreien, um den richtigen Zugang dazu zu finden.

Vergebung ist etwas sehr Nüchternes, es heißt nämlich nichts anderes als: *Ich entscheide mich, auf meine Ansprüche zu verzichten.* Ich verzichte auf Wiedergutmachung durch den anderen, und damit entscheide ich mich auch, *mit meinen Vorhaltungen und Vorwürfen an den anderen aufzuhören* – sowohl gedanklich vor mir selbst, wie auch verbal anderen Personen gegenüber. Ausdrücklich formuliert könnte der Akt der Vergebung etwa lauten: »*Ich entscheide mich, ab jetzt mit diesen Vorwürfen an dich aufzuhören. Und damit gebe ich jetzt auch meine Ansprüche an dich auf Wiedergutmachung ein für alle Mal auf!*«

Ich kann diese Entscheidung auch wortlos fällen, ich kann solche oder ähnliche Worte auch innerlich sagen, ich kann sie für mich niederschreiben oder auch laut sagen, vielleicht sogar – falls der Prozess in einem therapeutischen Kontext stattfindet – in Anwesenheit des/der Therapeuten/in, der/die mich dabei begleitet. Es *braucht dabei aber nicht die Anwesenheit des betroffenen früheren Partners.* Diese wird auch in den seltensten Fällen möglich sein, und sie wäre häufig auch nicht konstruktiv, man könnte sich damit womöglich nur in neue Diskussionen verstricken. Es braucht die Anwesenheit des anderen nicht, denn es ist ja *meine* Entscheidung, die in erster Linie *mich* und meinen Umgang *mit mir* betrifft.

So gestaltet sich Vergebung, ob sie nun von besonderen Gefühlen begleitet ist oder diese zur Folge hat, oder keines von beiden: *Verzeihen ist ein Willensakt, nicht ein Akt des Gefühls!*[13] Es ist die Entscheidung: »*Ich höre mit meinen inneren Vorwürfen auf und verzichte deshalb auch auf die darin enthaltenen Ansprüche!«* Es kann freilich sein, dass es damit nicht einfach sofort erledigt ist. In der Folge werden sich die Vorwürfe und Ansprüche trotzdem in mir wieder melden und in mir hochkommen. Dann bin ich gefordert, meine Entscheidung innerlich zu erneuern. Ich muss vielleicht diese Entscheidung auf diese Weise innerlich »einüben«, damit sie trägt und sich in mir mehr und mehr festigt.

Wenn das gelingt, können sich *dann* freilich auch Gefühle einstellen. Oft sind es sehr gute und wichtige Gefühle, vor allem solche von wachsender Erleichterung. Man spürt immer deutlicher, dass man mit diesem »Verzicht auf Ausgleich« *das eigene Leben entlastet*: Weil man den anderen und damit ein Stück der eigenen schwierigen Vergangenheit wirklich losgelassen hat.

Immer wenn es um die Liebe geht und um deren Verletzung, zeigt sich hier das Paradox: *Einen »Ausgleich« kann nicht der schaffen, der die Liebe verletzt hat, sondern nur der, der in seiner Liebe verletzt wurde.* Ist der andere mir auch in äußeren Dingen, beim Geld, beim Besitz usw. noch »etwas schuldig«, muss er das natürlich auch äußerlich begleichen. Insofern spielt beides manchmal auch ineinander, aber es muss sorgsam voneinander unterschieden und getrennt behandelt werden. Denn die Verletzung der Liebe, die damit vielleicht auch verbunden ist, wird durch den materiellen Ausgleich noch nicht beseitigt. Die wird nur »ausgeglichen« und in ihren negativen Folgen getilgt durch Vergebung, also *das Aufgeben meiner Ansprüche an den anderen.*

Das Gesagte gilt in gleicher Weise gegenüber dem verstorbenen Partner. Vergeben heißt hier: Ihm/ihr nichts mehr »nachzutragen«, denn auch dieses »Nachtragen« ist noch eine versteckte Forderung nach »Ausgleich«, die der lebende Partner noch immer an ihn/an sie aufrechterhält. Auch hier gilt es, ihm/ihr – vielleicht sogar am Grab stehend – deutlich zu sagen: »*Ich gebe meine Ansprüche an dich auf! Ich vergebe dir!*«

6.2 Ergänzende Überlegungen

Was für das Vergeben hilfreich ist

Wenn in der Beziehung vor der Trennung und um die Trennung herum einige schwerwiegende Dinge passiert sind, die in der Seele der Getrennten besonders tiefe Wunden hinterlassen haben, kann es sein, dass ein solcher Schritt des Vergebens besonders schwer fällt, obwohl er natürlich gerade in einem solchen Fall besonders wichtig wäre. Darum möchte ich hier noch eine Überlegung anschließen, die helfen kann, diesen Schritt auch in einem solchen Fall zu tun.

Der Prozess der Entfremdung vom Partner hat ja irgendwann in der gemeinsamen Zeit begonnen, oft mit einem ganz bestimmten, besonders enttäuschenden Tun oder Unterlassen des anderen, dem dann noch mehrere dieser Art gefolgt sind. Bei Paul – so nenne ich ihn hier – war das zum Beispiel, dass seine Frau Patricia sein sexuelles Verlangen, das zu stillen sie früher immer bereit gewesen war, eines Tages ignorierte – und von da an immer öfter aber auch nicht bereit war, mit ihm darüber zu reden, sodass es deshalb immer häufiger zum Streit kam und die Kurve der Beziehungsqualität unaufhaltsam nach unten zu gehen begann, bis es zur Trennung kam.

Wenn man sich später, so wie es bei Paul war, sehr schwer tut, die inneren Vorwürfe gegen den Partner loszulassen, kann es hilfreich sein, sich *in diese Zeit der Beziehung zurückzuversetzen*: Wie war es damals? Wo und wie hat unser Entfremdungsprozess begonnen? Was ist da geschehen, und wie war meine Situation damals? Und: Wie war die Situation meines Partners/meiner Partnerin?

Vor allem, wenn es mir gelingt, mich dabei auch *»in die Schuhe des Partners zu stellen«*, das heißt, die damalige Situation, soweit das möglich ist, auch aus seiner Sicht zu betrachten, kann das einen hilfreichen Zugang zum Vergeben verschaffen. So ging es auch Paul, dem in der Rückschau aufging: *»Das war doch damals die Zeit, als die Kinder noch sehr klein waren und früh bis spät an Patricia hingen. Dass sie da keine Lust und Energie mehr zum Sex hatte, ist eigentlich nachvollziehbar. Ich war so vom Beruf in Beschlag genommen, dass ich das überhaupt nicht beachtet habe.«* Oder Marina, die von ihrem Mann verlassen worden war, ging in der Rückschau auf: *»Erhard wurde damals in seinem Beruf mit so vielen neuen Aufgaben überrumpelt, dass er komplett überfordert war. Und darum, weil er halt die Stelle nicht verlieren wollte,*

hat er für mich und für uns überhaupt keine Energie mehr
gehabt und uns komplett allein gelassen!«

Solche Einsichten können dabei gemacht werden – und der innere Vorwurf würde *durch dieses Verstehen der damaligen Situation des Partners* ein wenig milder und das Vergeben dadurch leichter möglich. Vielleicht wird bei diesem inneren Gang in die Vergangenheit in dem einen oder anderen Fall auch deutlich, dass ich ja auch *meinen Anteil* am verletzenden Verhalten des Partners hatte. Marina im oben genannten Beispiel konnte sehen, dass sie damals in der konkreten Drucksituation des Mannes zu hohe Ansprüche an ihn und seine Mitwirkung im Haushalt und bei den Kindern hatte. Paul im ersten Beispiel wiederum sah, dass er seine Sex-Wünsche damals auch, jedenfalls vorübergehend, etwas hätte zurückstellen können, anstatt gegen die Abweisung seiner Frau zu wüten und immer mehr in die Enttäuschung zu gehen.

Die beiden Verletzten haben also jeweils auf ihre Weise »mitgespielt«, oder »zusammengespielt«, sodass der Konflikt entstanden ist und sich zu einem wiederholten Muster gesteigert hat, das beide irgendwann nicht mehr bändigen konnten. Das zu sehen, kann für das Vergeben sehr hilfreich sein, weil es milder stimmt.

Das Verstehen meines Verhaltens und des Verhaltens meines Partners aus unserer jeweiligen Situation damals kann mich natürlich sehr traurig machen. Es zeigt mir ja auch die Chancen auf, die wir – auch ich – damals gehabt hätten und vertan haben. Aber es ist eine Trauer, die milde stimmt, weil sie die Vorwürfe an den anderen in mir abschwächt und so hilft, dem Vergeben eine Tür zu öffnen.

Was es zum Vergeben nicht braucht

In meinen Hinweisen gehe ich davon aus, dass der geschilderte Prozess, obwohl er ganz wesentlich auch auf den früheren Partner bezogen ist, ein Prozess ist, den derjenige, der vergibt, allein und ohne dessen Anwesenheit oder Mitwirkung vollzieht. Das Vergeben ist ja die Entscheidung, auf *meine* Ansprüche an den Partner zu verzichten. Das brauche ich ihm nicht direkt mitzuteilen, derartiges würde womöglich nur zu Missverständnissen und fruchtlosen bis schädlichen Diskussionen führen.

Aus dem gleichen Grund – weil es meine Entscheidung ist – braucht das Vergeben auch *nicht die Bitte um Vergebung* von Seiten dessen, der mich verletzt hat. Dies gilt, wenn es um die Liebe geht, übrigens für jedes Vergeben, auch anderen Menschen, nicht nur dem Ex-Partner gegenüber. In unserem Fall gilt es aber vor allem deshalb, weil es ja um eine Beziehung geht, die gar nicht mehr als Paarbeziehung wiederhergestellt werden soll.

Etwas anders stellen sich die Dinge dar, wenn es um das Verzeihen innerhalb einer Paarbeziehung geht, die weiter bestehen soll. Wenn der Verletzer hier den Verletzten um Vergebung bittet, kann das diesem den Schritt des Verzeihens sehr erleichtern. Es zeigt ja, dass dem Verletzer trotz der Verletzung, die er dem anderen zugefügt hat, viel an der Beziehung liegt und er sie darum wieder »heil« haben möchte. Das kann den anderen sehr stark zum Vergeben motivieren, und deshalb kann die Bitte um Verzeihung in diesem Fall ihren guten Sinn haben. Dies zeigt sich immer wieder zum Beispiel in Paartherapien, in denen der Therapeut die beiden betroffenen Partner zu einer Art »Versöhnungsritual« anleitet: Der eine bittet den anderen ausdrücklich um Vergebung für sein verletzendes Tun oder Unterlassen, und der andere sagt daraufhin sein Vergeben dem anderen ausdrücklich zu. Das hat hier seinen guten Sinn, weil es beiden eine versöhnte Fortführung der Beziehung sehr erleichtert. Im Grundsatz gilt aber: In Angelegenheiten der Liebe ist die Vergebung die Entscheidung dessen, der sich verletzt fühlt, und deshalb braucht es dafür auch nicht die Bitte des Verletzers, damit die Entscheidung zur Vergebung möglich wird.

Es ist eine bedeutsame Erfahrung, dass der Akt des Vergebens eine bis dahin bestehende Beziehung sogar beenden kann: Wenn Vergeben nämlich »das letzte Band« löst, das die beiden noch zusammen gehalten hat. Wir haben es oben schon erwähnt: Wenn jemand dem anderen seine Verfehlung innerlich und/oder auch äußerlich ständig vorhält, Rachegefühle in sich pflegt und dies durch entsprechende Bestrafungshandlungen dem anderen auch zeigt, kann dies ein sehr festes Band sein, das ihn an den Partner mehr bindet als alles andere. Im Akt des Vergebens im Sinne des beschriebenen Verzichts auf die eigenen Ansprüche, kann sich dieses Band plötzlich lösen und die Beziehung damit beendet sein.

6.3 Sich selber vergeben

Wem es trotz all solcher Bemühungen nicht gelingt, die Vorwürfe loszulassen und auf die inneren Ansprüche an den Ex-Partner zu verzichten, der sollte sich ernsthaft fragen, ob er vielleicht hinsichtlich des Scheiterns seiner Beziehung *sich selbst immer noch Vorwürfe macht* und sich selber sein Verhalten von damals nicht vergeben kann.[14] Weil er sich das aber selber nicht eingesteht, »muss« er *deshalb* seine Vorwürfe und sein Nicht-Vergeben dem anderen gegenüber aufrechterhalten.

Greifen wir den oben kurz angedeuteten Fall Pauls nochmals auf, der seiner Frau immer noch vorwirft, dass sie ihm Sexualität verweigert, ja ihn sogar aus dem Schlafzimmer geworfen hat, was einen Prozess der Konflikte und der Entfremdung ausgelöst hat, der schließlich in die Trennung gemündet ist. Wir haben oben gesagt, der Frau zu vergeben, würde dadurch erleichtert, wenn der Mann sich eingestehen könnte, dass er damals zu sehr, zu oft und zu ungeduldig auf Sexualität gedrängt hatte, und wenn er dies als Eigenanteil am Konflikt zu sich nehmen könnte. Das ist aber nicht ganz leicht. Es liegt nahe, den Gedanken an diesen Eigenanteil schnell wegzuschieben und ihn zu verleugnen. Denn wenn er das zugegeben hätte, hätte ihn das konfrontiert mit seiner eigenen Hilflosigkeit damals: Wie er durch seine berufliche Situation immer mehr unter Druck geraten war, wie trostbedürftig er dadurch geworden war, hungrig nach Anerkennung, und wie er nur noch sich selbst sehen konnte und immer weniger auch die Situation seiner Frau mit den zwei kleinen Kindern. Er müsste sich eingestehen, dass er sich in seinem Sex-Verhalten wie ein drittes kleines Kind benommen hat, das nur noch sich selber und seine Bedürftigkeit sehen konnte und von der »Mama« getröstet und genährt werden wollte. Und dies würde ihm das Eingeständnis ermöglichen: »Ich bin ja selber mit Schuld an dem Problem, das letztlich in die Trennung führte.« Das wollte er sich zunächst nicht antun – und darum musste er die Vorwürfe gegen Patricia aufrechterhalten.

Das heißt aber: Um der Partnerin ihre Verweigerung verzeihen zu können, müsste er sich auch sein eigenes unreifes und zwanghaftes Sex-Verhalten eingestehen und verzeihen. Dabei kann es eine Hilfe sein, wenn man als Betroffener in sich selber verschiedene eigene Persönlichkeits-Anteile, sozusagen verschiedene »Teil-Persönlichkeiten« unterscheiden lernt, die hier aktiv sind. In unserem Beispiel: Paul konnte durch Anleitung in sich den Teil seiner selbst spüren, der seine Vorwürfe und Ansprüche an die frühere Partnerin aufgeben wollte. Und er konnte auch den Anteil sehen, der sich dagegen wehrte, weil er seine Mitwirkung am damaligen Konflikt zunächst nicht eingestehen wollte. Und als dritten Persönlichkeits-Anteil konnte er spüren, dass dahinter eigentlich ein »kleiner«, hilfloser Junge steckte, der damals komplett überfordert war und darum mit seiner Sex-Forderung bei Patricia wie bei einer guten Mutter Trost und »Nahrung« suchte. Als er diese verschiedenen »Teile« seiner Persönlichkeit sah, konnte er das Verhalten dieser seiner Anteile verstehen. Er musste es nicht mehr verteidigen, sondern aus dem Verstehen heraus fiel es ihm leichter, sich selbst sein Verhalten von damals zu verzeihen. Dadurch musste er dann nicht mehr an seinen Vorwürfen gegen Patricia festhalten, er konnte sie loslassen und auch ihr vergeben.

Auch hier kann es hilfreich sein, solche und ähnliche Prozesse ausdrücklich zu formulieren: Man schreibt sich selbst einen Brief, oder spricht, was zu sagen ist, auch ausdrücklich aus, indem man diesen Persönlichkeits-Anteil, dem es zu vergeben gilt, gleichsam vor sich hinsetzt und sich an ihn wendet: »*Ich sehe und spüre, wie überfordert du damals warst, welche Ängste du hattest, deine Stelle zu verlieren und nicht mehr für die Familie sorgen zu können. Ich sehe und spüre, wie ausgepowert und trostbedürftig du in dieser Situation warst, und darum wolltest du ständig mit Sex versorgt werden. Und damit hast du auch deinen Anteil an dem Konflikt und unserer Entfremdung. Aber ich kann das aus deiner damaligen Situation heraus auch verstehen. Und darum sage ich dir: Ich vergebe dir das und höre deshalb jetzt auf mit meinen Selbst-Vorwürfen!*« Wenn solches »Sich-selber-Vergeben« gelingt, wird der Weg frei dafür, auch das immer noch bohrende Verlangen nach Wiedergutmachung an den anderen aufzugeben.

6.4 Vergeben aus unterschiedlichen Positionen

Ob das Vergeben schwerer oder leichter fällt, hängt oft auch damit zusammen, in welcher Situation die beiden ehemaligen Partner bei der Trennung waren: Rein statistisch dürfte der weitaus seltenere Fall sein, dass beide – jedenfalls von Anfang an – die Trennung wollten und den Prozess der Trennung vorantrieben. Sehr viel häufiger dürfte die Verteilung so sein: bei einem der beiden hat sich der Wunsch zur Trennung im Laufe der Zeit immer deutlicher herauskristallisiert, und darum hat er dann den Prozess dazu angestoßen und vorangetrieben, während der andere die Trennung zunächst nicht wollte, sich dagegen gewehrt hat und dann irgendwann mitgegangen ist oder eben mitgehen musste.

Ich wähle dafür einen Fall, den ich in meinem Freundeskreis miterlebt habe, den ich aber natürlich so verfremde, dass die beteiligten Personen dabei nicht erkennbar werden. Ich nenne sie Viktor und Adelheid. Die beiden haben drei Kinder, von denen das dritte zum Zeitpunkt ihrer Trennung noch recht klein war. Die Trennung ging von Viktor aus, Adelheid war und blieb damit nicht einverstanden. Ihr Hauptvorwurf an Viktor lautete: »*Du hast die Sache mit unserem dritten Kind, dem kleinen Theo, nicht nur gewollt, sondern sogar vorangetrieben, und kaum war er da, hast du dich davongemacht und dich mit anderen Frauen eingelassen! Das hat mich tief enttäuscht!*« Viktors Argument dagegen lautete etwa so:

»Die Sache mit Theo war für mich ein gemeinsames Pro-jekt. Ich dachte: Das bringt uns vielleicht wieder zusam-men. Denn solange es bei uns darum ging, eine gemein-same Existenz aufzubauen und die anderen beiden Kinder aus dem Gröbsten rauszubringen, ging es ja recht gut zwischen uns. Aber kaum war das geschafft, hast du dich wie aus der Beziehung verabschiedet. Du warst für mich nicht mehr erreichbar. Nicht mehr für Gespräche, nicht mehr für Sex und Zärtlichkeit, die für mich jetzt, wo mehr Zeit da war, aber wieder wichtiger wurden. Ich hatte nicht mehr das Gefühl, dass ich zu Hause willkom-men war, außer zu Garten- und Reparaturarbeiten!« Ich schaue nun bei den Überlegungen zu diesem Fall zu-nächst einmal auf die unterschiedlichen Perspektiven der beiden Partner.

Die Sicht des Trennungs-Betroffenen

Was können aus der jeweiligen Position der früheren Partner die jeweiligen Schwierigkeiten sein, die sich dem Vergeben in den Weg stellen? Ich beginne mit der Situa-tion des Partners, von dem der Trennungswunsch *nicht* ausging, der sich – jedenfalls zunächst – dem des anderen angepasst hat bzw. anpassen musste – in unserem Beispiel war das die Situation von Adelheid. Adelheid fühlte sich in der Position des »Opfers«: »*Ich wollte mich nicht tren-nen, aber du!*« Und sie hat durchaus nachvollziehbare Ar-gumente für ihren Vorwurf: Viktor hatte der dritten El-ternschaft ausdrücklich zugestimmt – und kaum wurde sie aktuell, zog er aus und ließ sie, Adelheid, mit den jetzt drei Kindern allein! Das war natürlich eine massive Verletzung. Sie fühlte sich vom anderen verraten – so ist es häufig in der Position dessen, der mit der Trennung konfrontiert wird,. In unserem Fall vor allem deshalb, weil Adelheid zu Hause mit der ganzen Verantwortung allein war, selbst wenn Viktor noch so sehr bemüht war, einen guten Kontakt zu seinen Kindern zu halten und zum Jüngsten aufzubauen. Viktor wurde für sie zum »Verfolger«, und sie zum anklagenden »Opfer« – und ist es bis heute. Und bis heute ist sie auch keine dauerhafte Beziehung mehr zu einem anderen Mann eingegangen, sie lebt allein, obwohl die Kinder inzwischen groß und aus dem Haus sind.

In die Position des anklagenden Opfers zu gehen ist die häufigste Reaktion, die bei den »verlassenen« Partnern zu finden ist. Aus dieser Position heraus- und hin auf den Weg zum Vergeben zu finden, ist schwierig. Als Opfer fühlt man sich ja wirklich schlecht, verraten, runtergedrückt, verachtet, überfordert ... Es gibt einem allerdings auch ein gewisses Stärke-Gefühl, zum *anklagenden* Opfer zu werden, den anderen moralisch zu verurteilen und ihn an den Pranger zu stellen. Zusätzlich pflegen »Opfer« in ihrer Position auch häufig massive Rachegefühle gegen den anderen, denn diese verleihen die Position einer gewissen inneren Stärke und stellen so einen gewissen »Ausgleich« her zum Gefühl, durch die Trennung jetzt in der »unteren« und schlechteren Position zu sein.

Der die Trennung Erleidende gerät sehr leicht, so wie es bei Adelheid in unserem Beispiel der Fall war, in diese typische Opfer-Position. Aus dem Blickwinkel dieser Position ist es nicht leicht, auch den eigenen Anteil an der Trennung zu sehen, den in unserem Fall Viktor deutlich machte, wenn er davon sprach, dass er zu Hause nur noch für Reparaturarbeiten und dergleichen willkommen war und sich daran auch nichts änderte, als Theo auf der Welt war, sondern sich das eher sogar verstärkte – ganz im Gegenteil zu dem, was er sich davon erhofft hatte, nämlich wieder mehr gegenseitige Annäherung. Es ist für »das Opfer« sehr schwer, sich den eigenen Anteil an der Trennung einzugestehen und sich diesen auch selbst zu verzeihen. Stattdessen verfestigt sich sehr oft die Beziehung »Anklagendes Opfer – böser Verfolger«, so wie wir es bei Viktor und Adelheid sehen. Um da heraus zu kommen, hätte sich Adelheid eingestehen müssen: »Ja, es ist wahr, ich habe dir als Mann kein Interesse mehr entgegengebracht. Du warst recht für mich als Versorger, als Garten- und Hausmanager, aber als Mann wollte ich nichts mehr von dir wissen ...« Von da aus würde sich der Weg öffnen, sich selbst und auch dem anderen zu vergeben.

Die Sicht des Trennungswilligen

Das Hauptproblem für den Schritt des Vergebens ist bei dem, der die Trennung betrieben hat, das schlechte Gewissen. Im Fall von Viktor: »*Es ist ja wahr, ich hätte mich ja nicht, kaum war Theo in der Familie, sofort auf die andere Frau einlassen müssen. Wenn ich dageblieben wäre, wenn ich mit Adelheid zusammen wieder die Eltern-Aufgabe Theo gegenüber voll übernommen hätte, vielleicht*

wäre dann ein anderer Zugang zu ihr möglich geworden.
Und ich habe mein Problem mit unserer intimen Bezie-
hung, das ja schon eine ganze Zeit vorher bestanden hat,
eigentlich nie ernsthaft angesprochen und darauf bestan-
den, dass wir uns damit auseinandersetzen.« Das alles
sind Selbstvorwürfe eines schlechten Gewissens! Und er
hat ja auch durchaus recht damit! Was er benennt, ist tatsächlich sein Anteil an der Trennung. Allerdings ist auch
hier die Gefahr, dass er sich das nicht ausdrücklich einzugestehen wagt, er muss ja den Schritt zur Trennung vor
sich und anderen immer wieder rechtfertigen. Sonst
würde er womöglich als der eigentliche Übeltäter, eben
als der böse »Verfolger« und Egoist dastehen.

Es kann ja auch durchaus sein, dass der Trennungswillige
sieht, dass er Chancen vertan hat, und dass es durchaus
Wege gegeben hätte, der Beziehung noch eine andere
Richtung zu geben, und es dann nicht zu einer Trennung
hätte kommen müssen. Aber jetzt ist es zu spät, und darum kann man die Situation nur als gegeben hinnehmen,
betrauern und versuchen, das Beste daraus zu machen:
Durch Vergebung, sich selbst und dem anderen.
  Es kann aber auch sein, dass der Trennungswillige zwar
die Selbstvorwürfe in sich spürt, aber – so wie es Viktor
schließlich tat – nicht in ihnen verharrt und so sein
schlechtes Gewissen »pflegt«, sondern dass er spürt: Es
war trotzdem der richtige Schritt. Das spürte Viktor im
Prozess der Auseinandersetzung mit seinen Selbstvor-
würfen schließlich ganz deutlich: *»Der Zeitpunkt meiner*
Trennung so unmittelbar nach der Geburt von Theo war
wohl ein arger Fehler, und da bin ich auch Adelheid und

Theo gegenüber schuldig geworden. Aber dass ich mich getrennt habe, war trotzdem richtig: Meine Gesamt-Ehebilanz macht mir immer wieder deutlich: Wir waren in unserer ganzen Art zu leben und in unseren Bedürfnissen – jedenfalls auf der Ebene als Paar – so unterschiedlich, dass auch ein längeres Ausharren, das in unserer Situation sicher angemessen gewesen wäre, dennoch keine wesentlich andere Richtung aufgezeigt hätte als die, die ich eingeschlagen habe.« Viktor erleichterte diese Einsicht sehr den Schritt, sich sein Verhalten selber zu verzeihen und darum auch Adelheid gegenüber wieder versöhnlicher zu werden und ihr zu vergeben.

6.5 Die Folgen des Vergebens

Entlastung für den Vergebenden

Oben wurde es bereits erwähnt: Die unmittelbare Folge auf der Gefühlsebene ist für den Vergebenden *eine große Entlastung.* Denn wer sich und dem früheren Partner das nicht vergibt, was zwischen den beiden vor der Trennung und im Trennungsprozess schiefgelaufen ist, ist immer noch an diese Vergangenheit gebunden. Und so lebt er nicht, jedenfalls nicht vollständig, in der Gegenwart und fühlt sich nicht wirklich frei für die Zukunft.

Fritz Perls, der Begründer der Gestalttherapie, nannte das ein »unfinished business«, ein noch nicht abgeschlossenes

»Geschäft«, das sich immer wieder meldet, gleichsam wie durch eine Zahlungsaufforderung wegen einer noch nicht beglichenen Rechnung. Diese lästigen »Zahlungsaufforderungen« fallen jetzt weg. Anders ausgedrückt: Ein wichtiger Schritt der Aussöhnung mit der eigenen Vergangenheit ist getan. Das heißt: Es wird jetzt möglich, auch diesen Abschnitt meines Lebens, der mit der Trennung endete, als einen Teil meines Lebens, der zu mir gehört, anzunehmen. Ich muss ihn nicht mehr verleugnen, ich muss mich nicht mehr dagegen wehren, wenn er immer wieder einmal in mir hochkommt.

Es wird jetzt auch leichter möglich, *den persönlichen Gewinn dieser Phase zu sehen* und sich darüber zu freuen. Es wird möglich, die Reifung der eigenen Persönlichkeit in diesen Jahren zu spüren und dankbar dafür zu sein. Meine Vergangenheit ist ja ein Teil meiner Person. Noch bestehende Vorwürfe an mich selbst und den anderen lassen mich diesen Teil an mir bekämpfen. Ich bin im Unfrieden mit mir selber. Versöhnung durch Vergebung ermöglicht mir, auch diesen Teil meiner Person liebevoll zu mir zu nehmen, Frieden mit mir selber zu schließen und damit meine immer noch wunde Identität zu heilen. Das verursacht die große Erleichterung, die viele Menschen in diesem Prozess verspüren.

Eine weitere ganz wichtige und häufige Folge dieser Erleichterung und Entlastung ist, dass ich nun auch *dem Partner ganz anders gegenübertreten* kann. Die Ressentiments, die in und hinter den Vorwürfen »hockten«, spürte er natürlich, auch wenn ich jeden Streit vermied und ganz und gar »sachlich« über anstehende Angelegenheiten, zum Beispiel die gemeinsamen Kinder betreffend, mit ihm verhandeln konnte. Habe ich meine Vorwürfe losgelassen, fallen diese Ressentiments weg, und das erleichtert den Umgang mit dem anderen als Elternteil der gemeinsamen Kinder ganz enorm. Es bedeutet zudem auch, dass der Vergebende jetzt auch andere Seiten am Ex-Partner leichter wiederentdecken und spüren kann, Seiten die ihm früher durchaus sympathisch waren und die er früher auch an ihm mochte, sodass sogar ein gewisses freundschaftliches Verhältnis zu ihm entstehen kann.

Was den äußeren Lebensvollzug angeht, muss sich durch diese Erleichterungen zwischen den Ex-Partnern aber gar nichts ändern: Die Trennung bleibt in den meisten Fällen bestehen. Trotzdem hat sich die Atmosphäre zwischen den beiden stark zum Besseren gewandelt.

Entlastung für den Partner

In aller Regel spürt das der Ex-Partner auch, selbst wenn davon nie ausdrücklich die Rede ist. Eine andere Energie geht vom anderen aus, eine, gegen die der Ex-Partner sich nicht mehr wappnen muss. Dadurch fühlt auch er sich entlastet. Sollte er seine eigene Vorwurfsposition noch nicht aufgegeben haben, kann das auch dazu führen, dass diese sich lockert und der eigene Vergebungsprozess auch bei ihm in Gang kommt. So habe ich es jedenfalls immer wieder bei Paaren erlebt, auch in dem geschilderten Fall von Viktor und Adelheid, zwischen denen der wechselseitige Umgang mit den Kindern ziemlich rasch unproblematisch geworden war, auch wenn Adelheid für sich selber die Sache nicht ganz befriedigend abschließen konnte.

Wenn der Vergebungsprozess auf beiden Seiten gelingt, kann dadurch eine ganz neue Ära der Lebenssituation der getrennten Familie beginnen. Mich berührt da immer noch sehr tief eine *Erinnerung an meine eigene Trennungsgeschichte*. Als ich schon mehrere Jahre von meiner ersten Frau getrennt gelebt hatte, zog unsere ältere Tochter in mein Haus, in dem ich mit meiner neuen Partnerin lebte, um in der nahen Universitätsstadt ihr Studium zu beginnen. Die Mutter besuchte sie da, und in diesem Zusammenhang kam es zwischen uns zu einem Gespräch unter vier Augen. In mir hatte sich in der Zeit davor ein wichtiger Veränderungsprozess vollzogen. Nicht zuletzt aufgrund einer ziemlich heftigen Konfrontation durch einen Therapeuten in einer Gruppentherapie war mir meine noch immer vorhandene eigene Vorwurfshaltung meiner früheren Frau gegenüber sehr deutlich geworden und ich sah immer klarer meinen eigenen Anteil an den Schwierigkeiten in unserer Paarbeziehung. Dies stärkte in mir eine vergebende und versöhnliche Haltung – und das begann ich in unserem Gespräch, stockend und etwas hilflos, zum Ausdruck zu bringen. Ich brauchte es jedoch gar nicht ganz auszusprechen. Sie spürte meine Veränderung, und weil wohl ein vergleichbarer Prozess auch bei ihr abgelaufen war, wandte sie sich einfach zu mir. Wir sahen uns an, Tränen traten uns in die Augen, und wir gaben uns liebevoll die Hände. Dieser wortlose Händedruck veränderte unser Verhältnis stark – in der oben beschriebenen Richtung. Das wirkte sich auf unseren gesamten Umgang miteinander aus, und nicht zuletzt profitierten davon auch unsere Kinder, die die Entspannung zwischen uns deutlich spürten und dadurch entlastet wurden.

Entlastung der Elternbeziehung

Sich selber und dem Ex-Partner zu vergeben, entlastet die Beziehung der beiden getrennt lebenden Eltern. Wenn die früheren Partner einander und sich selber vergeben haben, bewirkt das auch, dass jeder das Vater- bzw. Mutter-Sein des anderen wieder mehr akzeptieren kann. Der Vergebungsprozess betrifft zwar die Paar-Ebene, aber er bewirkt, dass die Eltern-Ebene von noch nicht bereinigten Konflikten der Paar-Ebene gleichsam »gereinigt« oder sogar neu hergestellt werden kann: Jeder der beiden lässt die Kinder nun lieber zum anderen gehen, Gespräche über die Kinder auf der Eltern-Ebene werden leichter und unverkrampfter möglich und damit wird auch eine bessere Kooperation hinsichtlich Erziehungs-, Schul- und Gesundheitsfragen gefördert. Manchmal wird auf diesem Weg sogar etwas möglich, was für ein gutes Aufwachsen der Kinder trotz Trennung von ungeheurem Wert ist: Dass die beiden eine Haltung gewinnen, die sich so formulieren lässt: »*Auch wenn ich von ihm/von ihr als Partner/in getrennt bin, als Vater/Mutter unserer gemeinsamen Kinder achte und schätze ich ihn/sie!*«

Entlastung der Kinder

Eine solche Veränderung zwischen ihren Eltern spüren natürlich die Kinder mit ihren feinen Antennen für das Atmosphärische sofort, und das heißt ja auch: Entlastung von Resten ihrer inneren Solidaritätskonflikte, die sie oft aufgrund des Unversöhnt-Seins der Eltern noch immer belasten, auch wenn äußerlich in der Vergangenheit kein Streit mehr zwischen den beiden vorkam.

Durch den Vergebungsprozess – vor allem wenn er von beiden Erwachsenen vollzogen ist – wird also die hier als zentral dargestellte Unterscheidung oder Trennung von Paar- und Eltern-Ebene auch auf einer emotionalen Ebene möglich und damit gefestigt. Auch wenn die Partner auf der Paar-Ebene getrennt bleiben, ist es nun trotzdem möglich, den Kindern kooperative, sich unterstützende und einander achtende Eltern zu sein, was den Kindern für ihr ganzes weiteres Leben zugutekommt.

Entlastung neuer Beziehungen

Wenn es den getrennten Partnern gelingt, einander und sich selbst zu vergeben, was sie sich und einander in den Jahren ihrer Ehe schuldig geblieben sind, dann kommt das schließlich auch dem Aufbau und dem Erhalt neuer Paarbeziehungen zugute. Jetzt erst wird der Platz für den neuen Partner an der Seite des Getrennten wirklich frei, er/sie kann ihn nun voll einnehmen und sich da ganz »am Platz« fühlen.

Die gut funktionierende Eltern-Ebene der ehemaligen Partner, die jetzt nicht mehr mit Konflikten und schlechten Gefühlen von der Paar-Ebene her »genährt« wird, entlastet die neuen Partner noch in einer anderen Hinsicht: Sie können die Eltern-Fragen nun getrost den früheren Partnern überlassen und können sich leichter heraushalten, was ihrem Platz als neuem/neuer Partner/in meist sehr zugutekommt.

Damit ist die frühere Paarbeziehung zu einem für alle Beteiligten voll akzeptierbaren und akzeptierten Teil der eigenen Vergangenheit geworden. Alle sind daran gereift, alle haben Wichtiges daraus gelernt, alle können jetzt ohne Altlasten den neuen Abschnitt ihrer Geschichte beginnen.

7. Kapitel

Versöhnliche Trennung – versöhnlicher Abschied

In diesem letzten Kapitel möchte ich anhand eines konkreten Falles noch von einer Möglichkeit von Trennung und Abschied berichten, die wohl nur in therapeutischer Begleitung realisierbar ist und die ich auch nur aus diesem Zusammenhang kenne. Ich tue es, weil an dem Prozess dieses Paares, um das es hier geht, nochmals deutlich wird, wie anders als mit Rosenkriegen und bleibenden Verletzungen Trennung und Abschied auch möglich sind. Das Beispiel zeigt, was es noch für Möglichkeiten geben könnte, unabgeschlossene oder unbefriedigend verlaufene Trennungsprozesse vielleicht nach einigen Jahren doch noch zu einem guten Abschluss zu bringen.

Die Situation des Paares

Es handelte sich hier um ein Paar mittleren Alters, das seit einigen Jahren getrennt lebte, und dessen zwei heranwachsende Kinder hauptsächlich bei der Mutter wohnten, die aber auch zum Vater immer wieder Kontakt hatten. »Hauptsächlich« sage ich, weil damit angedeutet werden soll, dass die konkreten Vereinbarungen zwischen den ehemaligen Partnern noch gar nicht klar und juristisch geregelt waren. Die beiden waren auch juristisch noch gar nicht geschieden, also offiziell noch verheiratet – aus dem einfachen Grund, weil es bei ihren Gesprächen darüber zwischen ihnen immer wieder zu so unerquicklichen Streits kam, dass sie diese abbrachen und unverrichteter Dinge wieder auseinandergingen. Das gab den beiden – ihn nenne ich hier Thomas und sie Gabriele – das Gefühl des »Unabgeschlossenen« und machte sie unzufrieden, und so beschlossen sie, sich mit mir über diese Situation zu beraten.

Rituale als Hilfe

Im Gespräch mit den beiden wurde mir deutlich: An einer Wiederherstellung der Beziehung war keiner von beiden mehr interessiert. Das Wichtigste für sie war: Wie kommen wir beide auseinander, ohne Krieg miteinander führen zu müssen? Sie wollten deshalb die Sache zu diesem Zeitpunkt auch keinem Rechtsanwalt übergeben, weil sie fürchteten, dass gerade dadurch ein solcher Krieg zwischen ihnen ausbrechen könnte. Diese Absicht war ja sehr anzuerkennen. Die andere Seite aber war, dass dieser Schritt von ihnen selber verhindert wurde durch die immer wieder aufbrechende Uneinigkeit, wenn sie darüber miteinander verhandelten.

Weil bei beiden aber Einigkeit darüber bestand, dass sie sich trennen wollten, schlug ich ihnen vor, mit meiner Anleitung zwei »Rituale« zu vollziehen, die ihnen den Schritt zum vollständigen Auseinandergehen möglich machen oder wenigstens erleichtern könnten. Ich erklärte ihnen, was darunter zu verstehen wäre, und sie waren damit einverstanden, es mit Hilfe solcher Rituale zu versuchen. So gab ich ihnen bis zum nächsten Mal für das erste Ritual folgende »Aufgabe« mit: Sie sollten als ersten Schritt ein Bilanz-Ritual in Bezug auf die Jahre, die sie miteinander gelebt hatten, vollziehen. Jeder sollte dafür ohne Kontakt zum anderen überlegen und auch schrift-

lich festhalten: »Was ich von dir in den Jahren unseres Zusammenlebens bekommen habe: ...«

Und: »Was ich dir in den Jahren unseres Zusammenseins schuldig geblieben bin: ...«

Das sollten sich beide überlegen und sich dazu even-
tuell auch Notizen machen im Hinblick auf die kom-
mende Stunde.

Ein Bilanz-Ritual

Mit dieser Vorbereitung kamen also die beiden in die
nächste Stunde. Ich bat sie, sich einander gegenüberzuset-
zen und während des Folgenden möglichst Augenkontakt zu halten oder wenigstens immer wieder aufzunehmen. Ich fragte sie dann, wer anfangen wollte, und die
beiden einigten sich auf Thomas. So sagte ich zu ihm
etwa: »Bitte wende dich jetzt an Gabriele und sag ihr zuerst alle Punkte, die dir gekommen sind zu dem ersten
Thema, indem du jeden Satz von Neuem anfängst mit:
›Was ich von dir in den Jahren unseres Zusammenseins
bekommen habe, war ...‹«. Thomas begann also, und es
war eine ganze Menge an Punkten, die da zusammenkam.
Gabriele folgte dem Ganzen mit großer Aufmerksamkeit
und wachsender Bewegtheit darüber, was Thomas alles
aus ihrer gemeinsamen Zeit erinnerte. Als er fertig war,
wandte ich mich an Gabriele: »Sag nun zu Thomas: Ich
danke dir, dass du mir das gesagt hast!« Das tat Gabriele,
und dann forderte ich sie auf, ihre Punkte in der gleichen
Weise Thomas mitzuteilen, was sie ebenfalls tat – mit ähnlicher Berührtheit von Thomas. Als auch er mit seinem

»Danke« abgeschlossen hatte, wendete ich mich nach einer kleinen Pause zum »Nachklingen-Lassen« wieder an ihn und forderte ihn auf, in der gleichen Art die zweite Liste Gabriele mitzuteilen: »In den Jahren unseres Zusammenseins bin ich dir schuldig geblieben, ...« Das tat er auch und Gabriele bedankte sich auch dafür wieder, und dann lief der Prozess wieder in umgekehrter Weise, dass sie ihre Liste nun Thomas mitteilte und er sich am Ende dafür bedankte.

Der ganze Vorgang war von einer wachsenden emotionalen Ergriffenheit auf beiden Seiten begleitet, und so forderte ich die beiden auf: »Schaut euch jetzt schweigend nochmals in die Augen und gebt euch dann die Hand!« Das machten die beiden, und Tränen rollten über ihre Wangen. Nach einiger Zeit des gemeinsamen Schweigens sagte ich zu den beiden: »Diskutiert bitte in der nächsten Zeit nicht über das, was ihr jetzt gesagt und vom anderen gehört habt, sondern lasst es nur in euch selbst nachklingen!« Dann vereinbarte ich einen weiteren Termin in zwei Wochen und verabschiedete mich von den beiden.

Ein Abschieds-Ritual

Als die beiden wieder kamen, waren sie immer noch von der letzten Stunde sehr bewegt. Der wechselseitige Dank hatte beiden den nicht mehr verlierbaren Gewinn ihrer gemeinsamen Zeit wohl zum ersten Mal bewusst gemacht, und das – zusammen mit dem wechselseitigen Eingeständnis ihrer »Schuld« aneinander – hatte eine sehr versöhnliche Stimmung zwischen ihnen geschaffen. So war die Bilanz beider zu diesem Ritual: »Was ich von dir gehört habe, hat mir sehr gutgetan, und ich glaube, dass es jetzt ein Stück leichter geworden ist, auseinander zu kommen!« Die beiden waren also bereit für den nächsten Schritt, nämlich ein Abschieds-Ritual miteinander zu vollziehen.

Die folgenden Worte dieses Rituals habe ich in Anlehnung an einen Text des Psychotherapeuten Bert Hellinger formuliert und damit in unterschiedlichen Situationen von Menschen, die nicht gut voneinander losgekommen waren, gute Erfahrungen gemacht.

Ich forderte also die beiden wieder auf, sich voreinander hinzusetzen, Augenkontakt miteinander aufzunehmen, und sich dann nacheinander einen etwas längeren Text zu sagen, den ich ihnen, zuerst der Frau, dann dem Mann, Satz für Satz vorsprach. Der Text lautete folgendermaßen:

»Thomas/Gabriele,
ich nehme, was du mir gegeben hast. Es war eine ganze Menge, und ich danke dir dafür und werde es weiterhin achten.
Und auch du kannst nehmen, was ich dir gegeben habe. Ich lasse es gern bei dir!
An dem, was schiefgegangen ist zwischen uns, nehme ich meinen Teil der Verantwortung zu mir,
und ich lasse dir an deinem Teil deine Verantwortung.
Ich achte und würdige dich weiterhin als Vater/als Mutter unserer beiden Kinder.

Ich will, soweit es an mir liegt, weiter mit dir zu ihrem Wohl zusammenarbeiten.
Als Partner/Partnerin verabschiede ich mich von dir und wünsche dir alles Gute.
Lebe wohl! Geh deinen Weg nun ohne mich, so wie ich meinen Weg jetzt ohne dich gehen werde!«

Ich erlebte auch hier bei den beiden, was ich schon öfter vorher bei solchen Ritualen erlebt hatte: Die vorgegebenen Sätze wirkten nicht »nachgeplappert«, sondern im Gegenteil: Es war, als würden sie den beiden endlich ermöglichen, das zum Ausdruck zu bringen, was sie, oder jedenfalls einer ihrer Persönlichkeitsanteile schon lange ausdrücken wollte, wofür aber die Sprache fehlte, die ihnen jetzt durch mein Vorsprechen zur Verfügung gestellt wurde. Darum war auch ihre innere Bewegung sehr groß, vor allem als ich sie dann wieder einlud, sich zum Schluss die Hände zu reichen und sich nochmals länger in die Augen zu schauen.

Was die beiden Rituale bewirkten

Wir hatten in den beiden Stunden nichts konkret zu Regelndes besprochen. Der Effekt war aber erstaunlich: Was jahrelang nicht möglich gewesen war, geschah nun innerhalb kurzer Zeit: Die beiden nahmen sich einen gemeinsamen Anwalt und ließen sich von ihm zu einer einvernehmlichen Scheidung begleiten und dafür beraten – mit allen konkreten Regelungen, die dafür nötig waren, und die jetzt ganz schnell und ohne Kampf möglich wurden.

Dafür waren allerdings auch wichtige Voraussetzungen bei den beiden erfüllt, die ich nochmals benennen will:

Die erste Voraussetzung war, dass *beide* die Scheidung wollten und nicht einer gegen den anderen dafür kämpfen musste. Zweitens spielte die Bereitschaft der beiden eine große Rolle, bei der Lösung ihres Problems nochmals eine *gemeinsame* Anstrengung auf sich zu nehmen. Und drittens: Dass sie beide – wohl auch unterstützt durch den zeitlichen Abstand zur äußeren Trennung und durch das Ritual – bereit waren, hinzuschauen auf den jeweiligen Gewinn durch ihre Ehe »trotz allem«, und auch den eigenen Anteil am Scheitern ihrer Liebesbeziehung zu sich zu nehmen. Das erleichterte den beiden vor allem auch ein wechselseitiges Vergeben sehr, das zwar nicht direkt ausgesprochen wurde, aber sich zwischen ihnen in ihrem angeleiteten Dialog vollzogen hatte.

Wir haben ja oben gesehen, dass dieses Vergeben nicht unbedingt wechselseitig sein muss und auch nicht in der Gegenwart des jeweils anderen Partners vollzogen werden muss. Denn auch wenn das bei einem der Partner »ganz allein für sich« geschieht, entfaltet es seine segensreiche Wirkung. Diese Aussagen bleiben auch weiterhin gültig. Aber wenn man so etwas erlebt, wie es im geschilderten Fall geschah, ist es natürlich besonders schön und befriedigend, und ich führe dieses Beispiel hier zum Schluss noch an, um Betroffene anzuregen, auch mal in diese Richtung zu spüren und zu denken, um eine solche Möglichkeit auch für sich zu erwägen.

Abschluss

Scheiden tut weh. Wenn Paarbeziehungen scheitern und mit Trennungen enden, werden den Betroffenen tiefe Wunden geschlagen, die vielleicht noch jahrelang schmerzen. Das Anliegen dieses Buches war es, Wege aufzuzeigen, die nicht an diesen Schmerzen vorbei, sondern *durch sie hindurch* zu neuem Leben, neuer Zufriedenheit, neuem Glück führen. Wenn es uns als Betroffenen gelingt, diese Wege zu beschreiten, erleben wir Heilung und Reifung unserer Persönlichkeit. Oft stellt sich für Menschen hier die Erfahrung ein: »*Trotz allem, was ich erfahren habe: Das Leben meint es letztlich gut mit mir!*«

Für mich als selbst Betroffenen, als Therapeut und Theologen, der immer wieder solche Prozesse erlebt und miterlebt hat, verwirklicht sich darin die Grundmetapher des christlichen Glaubens: »Durch das Kreuz zur Auferstehung!« Die Jünger haben ja an Jesus erlebt, dass der Weg ihres Meisters, den er immer mutig weiter ging, auch als die Probleme dadurch nur größer wurden und schließlich am Kreuz endete, nicht ins endgültige Verderben mündete, sondern ins erfüllte Leben. Wenn wir den Weg, der uns als der richtige erscheint – gerade auch bei Trennungen – weitergehen und nicht ausweichen oder zurückschrecken, geht dieser Weg weiter – zu mehr Leben, mehr Erfüllung und tieferem Lebensglück.

Anmerkungen

1 Jellouschek 2016 b
2 Jellouschek 2015, S. 456 f
3 Revenstorf 2015, S. 217
4 Jellouschek 2015, S. 456 f
5 Pappert 2016, S. 48
6 Jellouschek 2013, S. 175
7 Jellouschek 2013, S. 178
8 Thomann 1991, S. 148–174
9 Thomann 1991, S. 149
10 Vgl. dazu Jellouschek 2016 a, S. 53–58
11 Graf 2002, S. 235 ff
12 Retzer 2016, S. 99–123
13 Kämmerer 2002, S. 184–187
14 Retzer 2016, S. 120–123

Literatur

Graf, Johanna: Wenn Paare Eltern werden. Verlag Beltz, Weinheim 2002.

Jellouschek, Hans: Wie Partnerschaft gelingt – Spielregeln der Liebe. Verlag Herder, Freiburg, 9. Aufl. 2013a.

Jellouschek, Hans: Achtsamkeit in der Partnerschaft. Was dem Zusammenleben Tiefe gibt. Verlag Herder, Freiburg, 3. Aufl. 2013b.

Jellouschek, Hans/Jellouschek-Otto, Bettina: Familie werden – Paar bleiben. Hogrefe Verlag, Bern 2014.

Jellouschek, Hans: Glücks- und Unglückserfahrungen älter werdender Paare. In: Zeitschrift Psychotherapie im Alter, Nr. 4/12. Jg. (2015), S. 455–467.

Jellouschek, Hans: Der Schlüssel zur Treue. Warum es sich lohnt, für die Liebe zu kämpfen. Verlag Herder, Freiburg 2016 a.

Jellouschek, Hans: Paare und Krebs. Wie Partner damit gut umgehen. Fischer & Gann, Munderfing 2016 b.

Kämmerer, A./Kapp Fr.: Emotionale Stiefkinder therapeutischen Handelns: Zum Beispiel Vergebung. In: Zeitschrift Psychotherapie im Dialog, Heft 2, 2002, S. 184–187.

Largo, Remo H./Czernin, Monika: Glückliche Scheidungskinder. Trennungen und wie Kinder damit fertig werden. Verlag Piper, München/Zürich 2014.

Pappert, Christine, in: Schweizerische Sonntagszeitung vom 21.2.2016, S. 49 ff

Retzer, Arnold: Lob der Vernunftehe. Eine Streitschrift für mehr Realismus in der Liebe. Frankfurt a. M., 4. Aufl. 2016.

Revenstorf, Dirk: Liebe und Sex in Zeiten der Untreue. Wege aus der Verunsicherung. Pattloch Verlag, München 2015.

Thomann, Christoph/Schulz von Thun, Friedemann: Klärungshilfe. Handbuch für Therapeuten, Gesprächshelfer und Moderatoren in schwierigen Gesprächen, Rowohlt Verlag, Hamburg 1991.

Weber, Roland: Gehen oder bleiben? Entscheidungshilfe für Paare. Klett-Cotta, Stuttgart 2010.